Fラン大学でも東大に勝てる逆転の就活

武蔵野学院大学 客員教授
日本パーソナルコミュニケーション協会 代表理事

吉井伯榮

光文社

みなさん、はじめまして。吉井《よしい》伯榮《はくえい》と申します。

私は企業の人材育成コンサルティングを行いながら、ビジネススクールを開講し、ビジネスパーソンにコミュニケーション術を教えてきました。産業カウンセラーの資格も取得し、その技術も磨き、２００８年には武蔵野学院大学から招聘《しょうへい》され、ビジネス関連の科目や「ビジネスコミュニケーションゼミ」を受け持ってきました。このゼミは、大学３～４年生が対象で、同時に彼らに就職指導も行ってきました。

私が担当するゼミに入ってきた学生たちは、正直なところ、勉強があまり得意ではありませんでした。偏差値でいうと、35～40前後。知識、学力という面では、企業担当者の興味を引くことは難しい、いわゆる「Ｆラン大学生」と呼ばれる子たちでした。

彼らと接していて、つくづく感じたことは、素直なのに「自己肯定感が低い」ということです。勉強が苦手で、でも高卒で社会に出るのが怖く、とりあえず受かりそうな大学に逃避してきたような感さえありました。胸を張れる特技や持ち味もなく、さらに自信もない。将来に対しても悲観的で、とりあえず正社員として雇ってくれるならブラック企業でもいいと考える学生も少なくありませんでした。

就活で一番大切なのは、自分がどんな人間かを知ることです。何が好きで、どんな時間をすごしているときに喜びを感じるのかを突き詰めること、そして、自分一人で未来を切り開いていく力を身につけることです。

ところが私が担当したゼミの学生の多くは、自己肯定感の低さから、自分の持つ才能や可能性に気づこうともしませんでした。勉強が嫌いなことを自覚しているだけでなく、親からも先生からも褒められたことがほとんどない。自分でも、まわりの環境からも、自信の芽を摘み取ってきてしまっていたのです。

私の就活指導は、そんな彼らの自己肯定感を高めることから始まりました。その上で、初めて就活を勝ち抜く戦略を教えていったのです。

その結果、私の担当するゼミ生の就職内定率は、これまで１００％。就職先は、アップルジャパンやセブン＆アイ・ホールディングス、ローソン、ホンダ、ＪＴＢグループ、ワコールなど、一部上場企業を多数含んでおります。


勉強が苦手だった彼らがなぜ、一流企業に就職できたのか。それは、ビジネスマンに必要なコミュニケーション能力を身につけることができたからです。東大生も早慶の学生もコミュニケーションの知識においては、Ｆラン大学の学生と大差がありません。ですからそれを武器にすることで、私のゼミの学生たちは一流企業の内定を勝ち取ってきたのです。

本書では、私が学生たちに教えてきたノウハウを、物語形式でみなさんにお伝えします。登場人物である先生と学生が交互に語る形式で、私がゼミでおこなっている実際のエピソードをご紹介します。

物語の形態を取ったのは、2つの狙いがあります。

1つは、学生たちが2年間どういう流れでコミュニケーションを体得していくかをみなさんに追体験してもらいたいからです。読者のなかには、大学に入ったばかりの人もいれば、3年生になり、就活に興味を持ち始めた学生もいるのではないでしょうか。「なにから始めていいものやら」と迷っている人は、本書を通して読んでいただければ、いま自分がなにをすべきかが見えてくると思います。

いますべきことを理解することは、就活というマラソンのコースマップを手に入れることでもあります。自分がいま何キロ地点にいるかを知っていれば、不安も少なくなりペース配分も容易になります。完走することは夢ではなくなるはずです。みなさんのなかには当然、就活マラソン真っ最中の4年生もいることでしょう。各章末に設けたコラムを読めば要点がまとまっているので、給水用のスペシャルドリンクとして役立てていただきたいと思います。

狙いの2つめは、物語を追体験してもらう形が、コミュニケーションに対する理解を深める方法として合っていると考えたからです。この物語には、対話の場面が多く描かれています。一方的に説明を受けるのではなく、あなた自身が登場人物になりきって物語にコミット（積極的に関わること）することによって、理解度は格段に高まることでしょう。

全体の内容としては、コミュニケーションという大きなテーマを据えたうえで、自己分析から始まり、自己紹介、グループワーク、志望する企業の選び方、エントリーシートの書き方、面接テクニック、企業説明会に参加する際の振る舞いにいたるまで、私が実際に教えてきた、一流企業内定メソッドを網羅しております。コミュニケーション能力というＡＩ時代にも重視されるスキルを身につけることができれば、学歴コンプレックスなんかに縛られる必要はなくなります。能書きはいいから早く教えてほしいですって？　いいでしょう。

それでは講義を始めます。よろしくお願い致します。

スケジュール

大学3年生

4月
- 一般常識を学ぶ

5月
- 自己分析・自己紹介練習

6月
- コミュニケーションを学ぶ
- グループワーク練習

7月
- SPI対策
- スケジュールを組む

もくじ

002 Prologue《プロローグ》

008 登場人物紹介

1章

010 **学生脳から社会人脳に切り替える**
「ソフト」「ハード」「ムーブ」の3つで考える習慣

046 コラム① 企業も「ハード」「ソフト」「ムーブ」で考えてみよう

2章

048 **ブレない自己分析と自己紹介を作る**
「自分」を理解することなく就活は進まない

078 コラム② マンダラボックスを使った自己紹介

3章

080 **ビジネスコミュニケーションを磨く**
面接官に「一緒に働きたい」と思わせる

108 コラム③ グループワークで見られているところとは？

4章

110 **グループワークは最初の3秒が肝心**
発言内容を考えるな、第一声を取れ

136 コラム④ グループワークでは自分の役割を見極めよう

8月
●企業研究
●企業選び

10月
●ES作成開始

12月
●面接練習

2月
●プレエントリー

大学4年生 3月
●企業説明会
●エントリー
●ES提出
●筆記試験
●グループワーク
●集団面接
●個人面接

8月
●内定

5章▼ 138 **志望企業は12社に絞り込め**
ムダがなくなる「3×4」のルール

172 コラム⑤ 3×4で選んだ企業を徹底的に調べよう

6章▼ 174 **エントリーシートに文才はいらない**
「数字」で成果を伝えるESの書き方

204 コラム⑥「構成力」を身につけてESを攻略

7章▼ 206 **頭のいい奴らに勝つ面接術**
15秒以内で話しきるレッスン

228 コラム⑦ 集団面接では15秒で伝えるべし

8章▼ 230 **最終面接の極意**
後悔しない当日の迎え方

248 コラム⑧ 試験当日の心構え

250 Epilogue《エピローグ》

※スケジュールはこの物語上での一例です

登場人物

吉田《よしだ》栄一《えいいち》

狭川学院大学国際コミュニケーション学部准教授。就職率100％を誇る人気ゼミであるビジネスコミュニケーションゼミを担当している。

与野《よの》光《ひかる》

狭川学院大学３年生。軽音楽サークルに所属しており、『ドロップアウト』というバンドでベースを担当。あまり自分に自信がないが、時には積極的な一面もある。

ビジネスコミュニケーションゼミ

深谷《ふかや》朝霞《あさか》

内気な性格だが、真面目に授業に取り組む優等生タイプ。総合商社を志望。

熊谷《くまがい》和人《かずと》

明るく元気もあり、授業でもよく発言するムードメーカー。バイト先は居酒屋。

バンド『ドロップアウト』

戸田《とだ》拓馬《たくま》

ドラム担当。与野の高校からの同級生。ふだんはノリと勢いがすべてのチャラい男。

川口《かわぐち》友彰《ともあき》

ギター＆ボーカル担当。性格は冷静。授業よりもサークルよりも、バイト命。

1章

学生脳から社会人脳に切り替える

「ソフト」「ハード」「ムーブ」の3つで考える習慣

「最後になにか聞きたいことや言いたいことはありますか？」

入ゼミ試験の面接の終わりに、スポーツ刈りの准教授はゼミ志望書に目をやりながらたずねた。

「……俺、正直バカで自信がないんですけど、このゼミに入って、一流企業に就職したいんです！」

詰まりながらやっと出た言葉に、我ながらア然とした。俺はいったいなにを言っているんだろう……。これでは、どうぞ落としてくださいと言っているようなものだ。

「あのぅ、俺、昔から勉強苦手で、テストも赤点ばかりだったので……」

ああ恥の上塗り、もうダメだ。

1章

学生脳から社会人脳に切り替える

Fランク大学ながら、ゼミ生の多くが優良企業に就職するという噂《うわさ》を聞いて、このゼミへの志願書を出したが、もはやこれまで。いつも俺は大事なときに大ポカをしてしまう。動揺して目が泳いでいるのが自分でもわかる。

「過去のことなんてね、生ゴミと一緒ですよ」

……は？　この返答に思わず、キョトンとしてしまった。なんのことを言っているのか。

「過去の失敗なんて、生ゴミみたいなものだと言っているんです。ずっと引きずっていても臭《くさ》いだけで、なんのメリットもありません。かといって、楽観的に『将来きっといいことあるから』なんてことを軽々しく言うこともできない。未来なんてなにが起こるかわからないからね。このあと正門を出た瞬間に交通事故で死んでしまうかもしれないし。為《な》すべきことを為すということだけを考えていればよいのです」

先生は楽しそうにニコニコ笑っている。

「大丈夫。きみは必ず就職できますよ」

これが、俺、与《よ》野《の》光《ひかる》と吉田栄一《えいいち》先生との出会いだった。

説明が遅くなってしまったが、これは大学2年の後期。2月中旬に受けた入ゼミ試験の出来事である。俺は、定員15名の枠に応募した30人の学生のうちの1人だった。このゼミは、学内でも有名な〝就職請負人〟が教鞭《きょうべん》をとっている「ビジネスコミュニケーションゼミ」だ。なんでも、その准教授は、コミュニケーションに関する専門家で、魔法をかけるようにダメ学生を即戦力のビジネスマンに変身させてしまうらしい。軽音楽サークルの先輩から「このゼミに入った学生は人生が変わるらしい」と眉唾モノの噂を聞きつけた俺は、物見遊山《ものみゆさん》で同級生のサークル仲間と記念受験してみたのだった。

　面接の準備をしていかなかった俺は、終始しどろもどろだった。同ゼミの3年生、13人に囲まれて、質問で袋だたき。

「どうして、このゼミを志望したんですか?」

「このゼミに入ったら、どのように自分を変えたいですか?」

「1～2年生のときに力を入れたことはなんですか?」

「これだけは負けないと他人に誇れることはありますか?」

　必死で受け答えしたものの、まるで矢のように次々に質問が降ってくる。途中からは半ば自暴自棄になりながらなんとか答えを絞り出した。

　3年生からの面接を終えて、最後に受けた吉田先生との個人面接で聞かれたのが、冒頭の質問である。正直、聞きたいことなんてなかったけれど、無意識のうちに口が動いた。

やっと出た言葉が、

「俺、正直バカで自信がないんですけど、このゼミに入って、一流企業に就職したいんです！」だった。ダサすぎる。

俺はヘトヘトになりながら、面接会場を後にした。1時間もしないうちに、ゼミ試験の合格者発表はなされた。

「学籍番号が書かれている人はその場に残ってください！」という、上級生の凛とした女性の声。たぶんダメだろうと思ったが、一応結果を確認することにした。

息をのんで、食い入るように結果発表を見つめる受験者たち。それに比べて俺は、まったくドキドキしない。思いっきりバカをさらけ出してしまったのだから、不合格に決まっている。

ところが、掲示板には思いもしない結果が書かれていた。俺の学籍番号がそこにはあったのだ。

なんかの間違いかと思いながら、しばらく自分の番号を見つめていた。信じられない。決定的にアウトだったろ。

さっきの上級生が教室に入ってきて教室に残った2年生に伝えた。

「みなさん、おめでとうございます。合格者の方は、これから配布する資料に従って新年度からゼミの一員として活動してください」

いまだに実感のない俺をよそに、不合格になった同じサークルの友人のほうがよほど興奮していた。

「おまえ、人生変わっちまうな！」

なんで俺を合格にしてくれたのか。そればかりが気になって素直に喜べない。

「ちょっと、俺、吉田先生のところ行ってくるわ」

俺は教室を飛び出していた。


国際コミュニケーション学部の研究室のある1号館は、先ほどの喧騒《けんそう》とはうって変わっての静けさだった。後期試験まっただなかの時期であるため、学生もそれほど出入りしないためだろう。吉田准教授の研究室である２０３号室の前につくと、ひと呼吸。緊張しながらノックをする。

「はい。どうぞ」

まもなく、面接時の聞き覚えのある声がした。扉を開ける。

「おじゃまします。国際コミュニケーション学部2年の与野です。先ほどのゼミ面接のことでお話ししたいことがあってうかがいました」

どうやら先生は本棚の整理をしていたようだ。作業する手を止めずに、部屋の端にあるパイプ椅子にかけるように勧める。

俺は、立ったままで本題を切り出した。

「なんで俺を合格にしたんですか？　俺よりもまともな学生はたくさんいたんじゃないかと思うんです」

先生は手を止めて、興味深そうにこちらを向いた。

「それは、『最後になにか聞きたいことは？』と質問したときに、きみはしどろもどろになりながらも、ちゃんとリアクションをしたからです。落ちた人は、この質問をしたときに『特にありません』と答えました」

なんだか納得いかない。答えたことに変わりないではないか。むしろ、バカを晒《さら》すよりも「特にない」と言ったほうが利口なように思われる。

「吉田ゼミは、社会に出たときに即戦力として活躍できる人材を育てるゼミなわけですが、就職試験に直結することも教えていきます。就職試験の面接で最後に聞かれることが多い質問を知っていますか？」

質問の意味がよくわからない。困惑している俺に、先生はその先の話を聞かせてくれた。

「それが『最後になにか聞きたいことはありますか？』という問いです。意訳すると、『うちの会社に入りたいなら、当然、なにか聞きたいことや言いたいことはありますよね？』という質問なのです。それに対して、『特にありません』という言葉は、『御社に対して、それほど興味がないので、特に聞きたいこともありません！』という意味にとられてしまいます。今回の合否は、そこで分かれました」

「まだ就活のしの字もわからないのに、そんなの不意打ちです」

「では、企業担当者が本番のときに、丁寧に質問の意図を教えてくれると思いますか？きみたちは、この春から3年生になります。一刻も早く学生のノリから、社会人のマインドに切り替えなければいけません。このゼミは、そういうことを学ぶ場所です」

ぐうの音も出なかった。

「大勢のなかから、きみは合格できたのですから、このチャンスを生かしてください」

本棚の整理はいつのまにか終わっていたらしい。先生は帰り支度《じたく》を始めている。促されて廊下を出ると辺りは暗くなり始めていた。

「4月にゼミで会いましょう。気をつけて帰ってくださいね。では！」

「みなさん、おはようございます」

新学期のゼミの講義がいよいよ始まる。ここに集まった新3年生の希望や意気込みを映したかのように、窓から見える桜は柔らかな日差しのなか咲き誇っていた。

「今日から2年間、みなさんにビジネスコミュニケーションを教えていく吉田栄一です。吉田の吉は大吉の吉。田は田んぼの田。そして一番に栄えると書きます。吉と栄がついているラッキーな名前なので、ツキがほしい人は授業終わりにでも握手しましょう。

…………」

突然始まった流暢《りゅうちょう》な自己紹介に、学生たちは一同ポカンとしている。

「人と人が出会ったとき、まず最初におこなうことといえば、自己紹介ですね。さっそくですが、私にみなさんのことを教えてください」

学生たちに自己紹介を促す。

「僕は、熊谷《くまがい》和人《かずと》です。高校時代はサッカー部で、いまは居酒屋でアルバイトをしています！　アピールポイントは元気なところですかね」

笑いを取りながら、熊谷君は自己紹介を終えた。ムードメーカー的な気質がある学生のようだ。

「深谷《ふかや》朝霞《あさか》です。よろしくお願いします」

口数が少なく、声も小さい。彼女はやる気がないというよりは、自己アピールが苦手なタイプのようだ。

「与野光です。大学では軽音楽サークルに所属して、ベースを弾いています。大学から始めたので、あんまりうまくないんですけど。地元のコンビニでアルバイトをしています」

例の与野君だ。ゼミ面接が終わってから、私の研究室を訪ねてきたあの学生。疑問に思ったことを突き詰める積極的な姿勢は好ましい。これからどんな風に成長していくのかが楽しみだ。

15人の自己紹介がひと通り済んだ。

「みなさん、お疲れさまでした。『挨拶』『自己紹介』というのは、初対面の人と相対したときに第一印象を決める重要なポイントです。正直、みなさんはあまり自己紹介が上手とは言えませんね。とはいえ、落ち込む必要はありません。社会人でもまともにできる人は意外と少ないからです。これは、非常にもったいないことですね。方法さえ理解すれば、誰でも簡単にできるようになるのに。もちろん、みなさんも例外ではありません。私の使命の1つは、みなさんに自己紹介をはじめとした課題をクリアしていただいて、それぞれが志望する企業の内定を勝ち取っていただくことにあります。一流企業も夢ではありません。なにか質問はありますか？」

意を決したように1人の学生が手を挙げた。与野君だ。

「自慢じゃないですけど、俺は高校時代、テストになると必ず赤点を取っていたから、〝赤ペン先生〟ではなく、〝赤テン先生〟って呼ばれていたんです。高3の進路相談でも他大学に行きたいって言ったら、『この成績で、どこに進学できると思っているのか』とからかわれたくらいなんですから。勉強できない俺が一流企業に本当に就職できるんですか？」

ほかの学生たちも声には出さないが、彼の考えに概《おおむ》ね同意しているらしい。

「**東大や早慶、上智大学のような勉強のできる学生には敵うわけない、と思っているんですね？**」

「そりゃ、そうですよ。頭のレベルが違いすぎます」

「本当に？」

「俺たち、世間ではFラン大学生って呼ばれているんですよ。高校生のときから落ちこぼれで、大学に入ってもなにも変わらなかった。いまさら頭のいいやつらに勝つ方法なんて、あるわけないと思います」

「いま、きみが発言した言葉には、３つ間違いがあります」

「なにも間違っていないだろ」と言わんばかりの表情だ。

３つという言葉に戸惑っている学生もいるようだ。

「まず、お聞きしましょう。きみたちになくて、頭のいい学生たちにあるものとはなんですか？」

私の問いに、学生が討論をするように話し始める。

「勉強がよくできる」

「学校のブランド力じゃね？」

「金持ちだし」

「イケメン多いじゃん」

「行動力とか？」

徐々に、頭のいい学生のイメージが膨《ふく》らんでいっているようだ。

「人をバカにしているみたいで気に食わねえ」

「バイト先でも、店長は頭いいやつの味方するし」

「勉強しまくって、遊びも知らないつまんねえやつだよ」

「横文字ばっかり使ってカッコつけてんじゃねーよって思う」

もはや、誰かの顔を思い浮かべて話しているようにしか思えない。

「学力があるというところや、学校名にブランド力があるのはたしかですね」

教室内が「ほら、そうじゃん」という空気に包まれる。

「でも、金持ちかどうかは家庭環境によって人それぞれです。容姿については、みなさんのほうがイケていると思う人もいるでしょうね。行動力も同じです。みなさんが大きく劣っているようには思えません。つまり、決定的な違いは学力の差とそこに費やした時間の差だけです」

この言葉が、教室中を余計にヒートアップさせた。

「ぜんぜん慰《なぐさ》めになってないですよ。彼らは勉強できる。俺たちはできない。それがわかったところでなにもひっくり返りません。やっぱり、先生も『勝つ方法なんてない』と思っているんですよね？」

「これまで勉強によって蓄積した知識量の差は、1年程度の付け焼き刃学習では埋められるはずがありません。でも、彼らが勉強していないことを身につけたとしたら、勝てる気がしませんか？　それを私は教えることができます」

熱気が高まった教室は、一瞬にして沈黙。学生たちは息をのんで次の言葉を待っている。

「それが、『コミュニケーション力』です。では、コミュニケーションとは、なにかを考えてみましょう。ひと言で説明してくださいと言われたら、みなさんはなんと答えますか？」

　鳩が豆鉄砲を食ったように、学生たちは目をしばたたかせている。

「そりゃ、相手と話をすることに決まってますよ」

「スラスラと自分の言いたいことを言えたらいいんじゃないの？」

「就職で勝つ戦略なんだから、相手を言いくるめる技のことを言うとか？」

　口々に、自分の思うコミュニケーションを語っている。

「みなさん、その程度のことは中学生でも言えます。その答えでは、１００点満点の５点ですね」

　教室のボルテージがまた上がり始める。「どこが間違っているんだ？」と、全員が前のめりになっている。

「みなさんは、コミュニケーションとは、言葉でのみするものだという前提で話をしているけれど、手話で意思を伝え合うことは、コミュニケーションではないのでしょうか？」

　与野君が痛いところを突かれたという表情をしている。

「つまり、コミュニケーションとは聞き慣れた言葉ではあるけれど、みんなそれぞれ勝手な解釈をしているんです。残念ながら日本では、その実態を正しく理解している人は非常に少ないです。東大レベルでも十分に理解している学生は多くないでしょうね。コミュニケーションとはなにかを家庭や学校でも習わないし、そもそも教えられる人間がほとんどいませんからね」

「……それが先生にはできると言うんですか？」

「もちろんです。そのために、ここに立っているんです。私はコミュニケーションについて研究していますし、どうしたらうまくいくかを熟知しています。みなさんに正しく理解してもらい、実践に結びつけるノウハウももっています。つまり、私になら『**頭のいい彼らに勝つ方法**』を教えられるのです」

ひと呼吸おいて、少し穏やかな声で話を続ける。

「みなさんは、最初におこなった自己紹介のときと比べると、今はずいぶんといきいきしてきたじゃないですか」

学生たちは、煽《あお》られたり、褒《ほ》められたりの連続攻撃に面《めん》食《く》らっているようだ。

「みなさんは、素直な上に自分なりに考えようとする才能があります。まあ、知識や技術は足りていませんがね。それでも、コミットしようとする姿勢は社会人として必要不可欠です」

横文字が出てくるとあからさまに嫌な顔をする。

「コミットってなんですか？　パーソナルトレーナーでもつけて、肉体改造しろってことですか？」

某パーソナルジムのキャッチコピーから想像したらしい。

「言葉足らずで失礼しました。コミットメントという英語を略したもので、目標なり目的なりに積極的に関わるという意味です。テレビのＣＭでも最近よく使われていますよね？『結果にコミットする』とか。みなさんと頭のいい人たちとの違いについて話し合いましたが、コミット力においても、彼らが一歩リードしていると考えたほうがいいでしょう。ほかの人が遊んでいる間に勉強したから、いまの彼らがあるのですからね」

私はあえて、挑発する言い方を選んでいるのだ。

「そんなに言うなら、頭のいいやつらを追い抜くための無敵のコミュニケーションを早く教えてくださいよ」

熊谷君がつぶやくように言った。その言葉を待っていたのだ。ニヤリと笑い、先の言葉を続ける。

「その姿勢が、２つめの間違いです。みなさんは、まだ教えてもらうつもりでいる。先ほども『頭のいいやつに勝つ方法なんて、誰にも教えてもらえない』と言っていましたね。

自分で学ぼうという意識がないのです。口をパクパクしていればエサをもらえると考えるのは、子どもの発想。学生気分です。社会に出ると、『アイツはまだ学生気分が抜けていない』という上司の愚痴を聞くことがあるかもしれませんが、まさにそれです。**いつも指示待ちで、自分からコミットしていない**」

与野君が反撃をしてくる。

「だって、俺たちまだ学生ですから！」

「その通り。まだ学生です。しかし、企業が採用するなら学生気分のままの人間と社会人のメンタルをもった人間のどちらを採るでしょうか？　当然、自ら考えて行動する社会人のメンタルをもった人間を採るでしょうね。つまり、根本的なマインドを変える必要があるのです」

彼は沈黙した。返す言葉もないといった様子である。

「コミュニケーションの方法を教えることはできます。でも、〝結果にコミット〟させるためには、トレーナーの努力だけでは不十分です。ダイエットや肉体改造と同じで、痩せようとしている人間が結果を求めなければ効果は発揮しないのです」

「じゃあどうすれば」と、救いを求める声がした。

「それが、今日の本題です。**学生脳から社会人脳に変えていくための方法**を教えましょう」

「まずは、自分のまわりのこと、つまり、世の中の仕組みについて知ることです。みなさんは世の中の仕組みについて考えたことがありますか？」

また難しい話かという顔をして、学生たちがうんざりしているのがわかる。

「そういう難しいこと考えたことないから、ここにいるんじゃないですか」という、独り言が聞こえてくるほどである。だが、ここが重要なポイントなのだ。

「実は、世の中は3つの要素でできているんです。それは、ハード、ソフト、ムーブという3つです」

「また横文字か……」というため息が聞こえてきた。

「具体例に当てはめていけば、そんなに難しいことではありません。パソコンを例に挙げて説明していきましょう。パソコンにおける、ハードとはいったいなんでしょうか？」

ノートパソコンをもち込んでいる深谷さんに水を向けた。

「この機械のことですよね？」

「その通りです。たとえばパソコンを買う場合、家電量販店に行って、ある人はデザインで選ぶ、ある人はスペックや機能で選ぶ。また、ある人は価格で選ぶかもしれません。それぞれ、パソコンになにを求めているかが人によって違います。では、ソフトは？」

深谷さんは、「ＷｉｎｄｏｗｓとかＭａｃとかの基本ソフトのこと……？」と自信なさげに返した。

「そうですね。それらのソフトがあって、パソコンは初めて機能します。では、ムーブはというと、それを扱う人、動かす人のことを言います。このパソコンのムーブは、深谷さんというわけですね」

一同、「なるほど」とうなずく。納得したらしい。

「パソコンを動かすためには、ハードとソフト、それを使用する人間が必要というわけです。たとえば、30万円もする高機能パソコンに最新式のソフトをインストールしたとします。しかし、それを扱う人間が、キーボードもろくに打てない初心者だったとしたら？　宝のもち腐れになりますね。でも、同じ条件から1億円の価値があるソフトを作り出す人もいます。つまり、機械とソフトと使用者が一体になってこそ、パソコンはその機能を十分に発揮してくれるのです。これは、どんな事柄にも通じていることです。次は人間を例に考えてみましょうか。深谷さん、どうでしょうか？」

深谷さんはじっくりと考えながら答えを出した。

「人間の場合、ハードは体。ソフトは脳みそ。ムーブは行動することになるのでしょうか」

いい調子だ。

「そうですね。ハードは健全な体と心を指します。怪我なく病気もしていない健康な体はかけがえのない宝物です。ソフトは頭のよさだけでなく、身につけたソーシャルスキル、人間性、物事の考え方にまで及ぶものだと理解してください。ムーブは行動に移すこと。本だけ読んで満足するのか、本で読んだ情報を百聞は一見にしかずで、たしかめにいくのか。つまり、健全な心と体を動かして、積極的に学び、ソフトをバージョンアップすることが人間を成長・進化させるということです。**学生脳を社会人脳にアップデートする**というのも、この一連の流れのなかにあります」

少し難しかったらしい。いまひとつしっくりきていないようだ。

「では、もう少し身近な大繁盛のラーメン屋を例に考えてみましょう。それぞれ、ハード、ソフト、ムーブはどの部分に当たるでしょうか？」

すっきりしていない表情の熊谷君を指した。

「ハードは店ですかね。売れている店は看板が塗りたてのように綺麗で、電球もすべて灯《とも》っています。店のなかを覗くと厨房の掃除がよく行き届いていて、券売機も手垢1つついていない」

「では、ソフトは？」

「それは、ラーメンじゃないですか。醤油なのか、味噌なのか、とんこつなのか。細麺なのか、中太なのか。トッピングとかも含まれるんじゃないかな。味自体がうまいかどうかが、ソフトだと思います」

「ムーブは？」と、質問を続ける。

「店員のサービスですかね。入った瞬間に、『いらっしゃいませ！』と元気に言われたら、いい店なんだなと思います。注文しても返事1つしない店は、『この店、大丈夫なのか？』と思ってしまいますから」

「素晴らしい！」

心から出た言葉だった。熊谷君は少し照れ臭そうである。身近な具体例を何度も提示することで、学生たちの頭も柔らかくなってくるのだ。

「このように、世の中は3つの要素で成り立っていることがわかります。ちなみに、ハード、ソフト、ムーブという視点からそれらを数値化し、細かく分析できるようになるとコンサルタントの仕事ができるようになります。悪い部分を指摘して改善させるということですからね。いままで漠然と見ていた世界もこのように3つの要素から分析すると見え方が変わってくるはずです」

物事を「ハード」「ソフト」「ムーブ」で考える

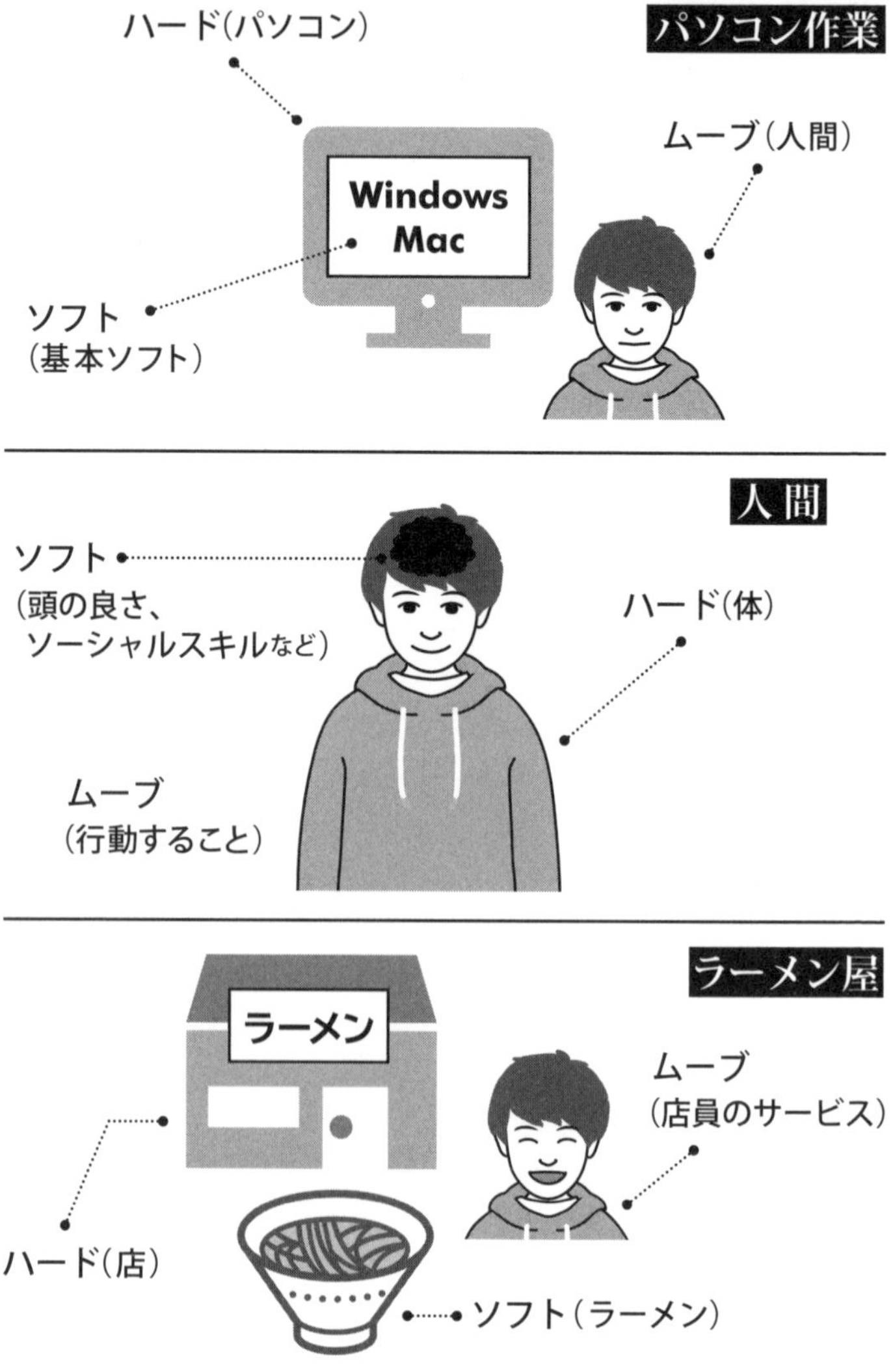

３限・４限という２コマ連続のゼミが終わり、軽音部の部室に向かった。俺は、高校まで帰宅部だった。高２の夏までは野球部に所属していたのだが、あることが原因で辞めてしまった。大学に入学すると、高校３年間同じクラスだった戸田《とだ》拓馬《たくま》に、「モテそうだから軽音楽サークルに入ろうぜ！」と誘われた。やりたいこともなかったので、一緒にサークル見学に行ったところ、緩い雰囲気が気に入って、入部。そこで出会ったギター経験者の川口《かわぐち》友彰《ともあき》と３人で組んだのが、スリーピースバンド「ドロップアウト」だ。

そのグループ名の意味は「落ちこぼれ」。命名したのは拓馬だった。「お利口さんよりも、ちょっと落ちこぼれのほうがモテそうな感じがするから……」という理由らしい。友彰がギター＆ボーカル、拓馬がドラム、俺がベースという布陣である。ちなみに、リーダーは俺。じゃんけんで負けたために押しつけられたのだ。

「７月の定期ライブのセットリストどうする？」

俺は、マンガに夢中になっている拓馬に話しかけた。だが、やつは上の空だ。まったく関心がないらしい。ふだんは極めてフリーダムなサークルなのだが、一応、恒例の活動というのはある。それが、夏休み前におこなわれる定期ライブだ。それはＯＢの先輩が経営するライブハウスで毎年開催されていた。現在、このサークルには8組ほどグループがあるのだが、前回の定期ライブで俺たち「ドロップアウト」は、オープニングアクトを飾った！

こう言うと聞こえがいいのだが、実はカラクリがあるのだ。このライブでは、会場のオーナーがデモテープと面接で審査して、出演順と持ち時間を決めている。うまいやつらほど、出番がトリに近づいて、持ち時間も増えていくわけだ。「ドロップアウト」の前回の出番は一番手。つまり、８組中一番下手くそだと判断されたのだった。

「まあ、おまえと友彰で決めていいよ。なにをやれって言われてもゴキゲンな演奏してやるからさ！」

拓馬はマンガから目を離さずに、テキトーに答える。やれやれ、この男は興味のないことに対しての態度があからさますぎる。呆れているとそこに友彰が遅れてやってきた。

「すまん。バイトが長引いちゃってさ」

コイツはコイツで授業より、サークルより、バイトを優先している男だ。「遅えよ」と言う拓馬。俺はため息をつきながら続ける。

「おまえらやる気ないでしょ」

マンガを置き、珍しく真剣な表情をした拓馬。

「やる気……。正直、全然ないね！」

おい、マジな顔して言うことじゃないだろ。内心ツッコミを入れている俺に、拓馬の言葉を友彰が引き継ぐ。

「だって、俺たちそんなに下手くそじゃないのに、まさかのオープニングアクトだぜ。もう、オーナーに嫌われているとしか思えねぇだろ」

たしかに、友彰は経験者だし、拓馬もやるときはやる男だ。そこまでひどい演奏をしていたとは俺だって思わない。

「どうせ認められないのに、やる気出せって言うほうが無理あるっしょ。どうすればいいってのよ？」

拓馬の言うことももっともだ。まずはなにが悪かったのかを分析しなければならないわけだ。ふと、ゼミで習ったことを思い出す。

「今日、ゼミで吉田先生が言ってたんだけどさ」

バンドメンバーは、俺がこの春から吉田ゼミに入ったことを知っている。拓馬は「おっ、人生変わったかね？」と急に食いついてきた。

「世の中って3つのことでできてるんだってさ。『ハード』と『ソフト』と『ムーブ』っていうんだけど」

「おまえの入ったゼミって、就職率１００％って言われているあの有名なゼミだろ？　その横文字が就活となにか関係あるのか？」

訝《いぶか》しげな表情の拓馬。俺は話を続ける。

「**まずは世の中の仕組みを知らないと就活には勝てない**んだってさ。『ハード』と『ソフト』と『ムーブ』、この３つの視点で物事を眺めると、長所と短所の分析ができるらしい。ラーメン屋でたとえると、ハードは店構え。ソフトはラーメンの味。ムーブは店員の動きってことらしい。このうちのどこかが欠けていると繁盛店にならないって話だ」

　バイトに命をかけている友彰も興味を示した。

「なるほど。バイトがやる気あっても、味がまずくちゃ客は来ねえもんな」

「だから、俺たちのバンドも同じように３つの視点で弱点を考えていけば、改善点が見えてくると思うんだよ」

　ふむふむという顔をしながら、２人は黙って聞いている。

「このバンドの場合、ハードは俺たちの見た目とか、スリーピースというバンドの編成に当たるんじゃないかな」

「見た目は、言うまでもなくイケてるだろ」と拓馬。「もう１本ギターが入れば演奏が厚くなるのはたしかだけど、スリーピースっていう編成に問題は感じないな」と、友彰も同意する。

「じゃあ次にソフト。これは、演奏技術ってことだと思う」

「誰かさんのドラムはリズムが前のめりになりがちだよな！」と友彰。「悪かったよ」と拓馬はバツが悪そうだ。

「最後に、ムーブ。これは俺たちメンバーのチームワークに当たると思う」

ここに一番、問題があることは全員がわかっていた。軽口を叩いていた拓馬の表情がシリアスになっている。少し重くなった空気を破るように友彰が話し始めた。

「演奏技術よりも、俺たちのコミュニケーションが取れていないことが問題だって言いたいんだろ？　でも、そんなにマジになってどうするんだよ。いままでテキトーにやってきたから、ピリピリせずに楽しくやってこられたんだろ？」

心を針で刺されたような気分だ。常に楽な道を選び、真剣勝負から逃げ続けてきた人生を指差されたようで恥ずかしくなった。

「でも、いま向き合わないとまた同じことが起きると思うよ。俺はもう去年みたいな思いをしたくないんだ」

自分の心の声が溢《あふ》れてきた。本当は負け犬のままいたくないのだ。それを聞いて、友彰は黙ってしまった。沈黙に包まれる部室。雰囲気を変えたのは拓馬だった。

「だったら、オープニングアクトを脱却してみんなを驚かしてやろうぜ」

「おまえ聞いていたのか。マジになってバンドやったら、ダラダラしてらんねえし、ケンカになることもあるかもしれないんだぞ」

　激しい反論を受けても、拓馬は平気な顔をしている。

「友彰も、後輩の前座で演奏させられるのは嫌だろ？　俺だって同じだよ。リーダーが珍しく本気でやりたいって言ってんだから、頑張ってみようぜ」

　なぜ、急にやる気が湧いてきたのか、不思議に思っていると、「そのほうが、後輩に『カッコいい！』って思ってもらえそうじゃん！」と拓馬は付け足した。

　ズッコケる俺と友彰を無視して、拓馬はその先を妄想しているらしい。お気楽なもんだ。だが、拓馬のおかげで少しだけ「ドロップアウト」の明るい未来が見えてきたような気がした。それぞれが話し合いにコミットしたことで、意識は変わり始めた。こういう積極的な姿勢が就職にも役立つということを吉田先生は言いたかったのだろう。なにはともあれ、こうして「ドロップアウト」の反撃は始まったのだった。

「今日の講義では、まずみなさんにコレを解いていただきたいと思います」

２回目の授業。私は開口一番、テスト宣言をした。

「抜き打ちかよ〜」

「テストがこの世で一番嫌いだわ」

と、学生たちが愚痴をこぼしている。

「いいですか。いまからプリントを配ります」

あからさまに嫌そうな顔をする学生たちの表情がプリントを見た瞬間に余計に曇《くも》った。

全員に届いたのを確認して、説明を始める。

「これから、みなさんに日本地図を完成させてもらいます」

プリントに書かれているのは、いわゆる白地図だ。北は北海道、南は沖縄まで47都道府県の名前を埋めてもらう問題である。

「これって就活と関係あるんですか？」

深谷さんから疑問の声があがった。

「就活にも関係ありますし、ビジネスコミュニケーションにも関係大アリです」

それだけ伝えると、パンパンと手を叩き、教室内のざわつきを制する。

「それでは15分間で答えを埋めてください。よーい、スタート！」

釈然としないながらそれぞれペンを走らせ始めた。……と、いうのも束の間。８割の学生は、２分ほどで固まってしまった。３分経過するころには、机に突っ伏してしまっている学生もいる。そして、15分が過ぎた。

「どうですか？　これから解答を配るので、答え合わせをしてください」

教室内を歩き、学生の様子をうかがう。なんとも苦々しい顔をした学生が多い。「俺、３問も当たってた」などと、自虐ギャグを飛ばしている者もいる。10問答えられた者は、それを聞いて「おまえヤバイな」と笑っている。

驚いたのは、北海道は書いてあるものの東北地方はまったくの空白で、関東地方は、埼玉・東京のみ。そして関西は大阪という文字で大半を埋めている学生がいたことだ。果たして二桁の県名を書けた学生が何人いるのだろう。

ひと通り答え合わせが終わったところで、教壇に戻り、各自に正解数を発表させた。

「７個でした」

「13個」

「３個です……」

テストの不出来に、落ち込んでいる学生が大半のようだった。現実を突きつける。

「これがみなさんのいまの実力です」

そう言われて、逆上する者もいた。

「だから、こんなことやってなんの意味があるんですか？　バカをバカにしてなにが楽しいんですか？」

悲痛な叫びだ。だが、学生たちには、いまの自分を正しく受け止めてもらわなければならない。さらにどん底に落とすような事実を伝える。

「先週の授業で、誰かが言っていましたね。『高校生のときから落ちこぼれで、大学に入ってもなにも変わらなかった』と。それが、３つめの間違いです。この白地図を埋める問題は、小学4年生の社会科で習う範囲なのです。つまり、みなさんは高校生になる以前から勉強が苦手だったということです。ちなみに10個答えられたと喜んでいた人もいましたが、私の家の近所に住んでいる小学生に同じ問題を解かせたら、38問正解しました。この現状をしっかりと受け止めてください」

18問正解というゼミで一番好成績だった深谷さんが、手を挙げた。

「これが、どのように就職活動に関係するのかということを教えていただきたいです」

「そうだ、そうだ」と野党のようなヤジを飛ばす学生を制して、私は続けた。

「以前に、ゼミの講義をしっかりと受けて、就職面接を簡単に通過するレベルのコミュニケーション能力を身につけたにもかかわらず、最終面接で落とされてしまった学生がいました。採用試験というのは、志望者と企業の相性というのもありますので、落ちてしまうことも当然あります。でも、彼が落とされてしまった理由は、そういうレベルのものではなかったのです。

最終面接で、社長は彼にこうたずねました。『最初は中国地方に行ってもらうと思います。岡山になりそうですけど、大丈夫でしょうか？』。さらに地図を出されて、『どこかわかりますよね？　指してください』と。彼は岡山県がどこにあるのかわからなかったんです。この学生は根本的なことがわかっていないと判断されて、彼は落とされたのでした」

「県名がわからないくらいなんだ」という態度をしていた学生にもことの重大さが伝わったらしい。

「面接だけではありません。多くの企業で取り入れられている筆記試験『ＳＰＩ』にも県の形などで出題されることがあるんです」

「３つしか答えられなかった俺ってやばくね？」

先ほどの学生が独り言を呟いている。

「このなかで海外での就職を希望している方はいませんよね。つまり、みなさんは日本で働くわけです。自分が働く土地のことを知らないで、仕事ができるでしょうか？　他県で就職することになったら、県やその地元のことを、取引先が離れた県にあるのなら、相手方の土地のことを知らなければ仕事になりませんよね。採用する側としても、自分の会社のある土地や歴史をしっかりと理解してくれている学生を採りたいと思うのは当たり前のことです」

深谷さんがまた挙手する。

「コミュニケーションとも関係があるというのはどういうことですか？」

「コミュニケーション学で言うところのコンテクストというのですが、**共通の情報を有することで言いたいことの文脈をスムーズに理解し合えるようになる**のです」

いぶかしげな表情だ。具体的な例を挙げて説明することにする。

「たとえば、これから会う相手の出身地が新潟県だったとします。みなさんはそれを聞いてどんなことを思い浮かべますか？」

「『米がうまい』とか『酒がうまい』」

「『美人が多いって言いますよね』とか」

あまり活発に意見が出てこない。

「それだけですか？　では、相手が埼玉県だったとしたら？」

「『狭川学院大学に通っています』って話すかな」

「『休みになるとだいたい大宮で遊んでる』ことか」

「『駅前のラーメン屋がうまいから連れてってやるよ』って誘ってあげたり」

今度は、次々に意見が出てくる。

「埼玉県について話すほうが、話のネタが思い浮かびやすいですよね。このように、相手と同じ情報を共有しているほうが、コミュニケーションは円滑に進みます。特別難しいことを知っている必要はありません。常識レベルの知識を身につけておくことで、早く関係を築くことができます。そこで、みなさんに課題を出したいと思います」

学生たちは背筋をしゃんとさせて、私の言葉に耳を傾けている。

「いま県名を書いていただきましたが、10個しか答えられなかった人は残り37個の①県名、②地方名、③県庁所在地、④人口、⑤特産品、⑥その県出身のおもな有名人を調べてきて、課題用のプリントに書き込んできてください。大変かもしれませんが、やってみると副産物を得ることができます。それは、ニュースが耳に馴染《なじ》むようになるのです」

学生たちは眉唾モノの話を聞かされているような表情をしている。

「ホントですか？　俺、ニュースなんてスポーツと天気予報しかわからないんですよ。まあ、芸能界のゴシップネタとか芸能人のことには詳しい気がしますけど」

熊谷君が自虐して、教室内に笑いが起こる。

「みなさんは、そんなこと起こるはずないと思っているかもしれませんが、仕組みを考えてみれば、難しいことではないのです。英会話を例に考えてみましょう。外国人が突然きみに声をかけてきました。『Please tell me about sightseeing spots in Tokyo』と。なんと答えますか？」

「いや、わかんないですよ」と、熊谷君が即答した。

「なぜわからないのか。理由の1つは、単語を知らないということにあると思います。では、『sightseeing』が観光という意味だとわかったらどうですか？」

「東京の観光地を聞かれているってことですか？」

「その通り。1つの単語がわかることで、全体がわかるようになりましたね。ニュースの場合でも仕組みは同じです。もし、埼玉県のどこかの市で重大な事件が起きたとしたら、関心を寄せますよね。当然です。自分が住んでいる地域の話なのだから。新潟県ならどうでしょう？　いまの段階ではスルーしてしまうかもしれませんが、新潟県のことをよく知った後ならどうでしょうか。日本海に面していて、場所はココ。県庁所在地は新潟市。人口は、約２２２万人です。米、日本酒はもちろん、笹団子、柿の種も有名です。有名人といえば、第64～65代内閣総理大臣だった田中角栄さん、プロレスラー・ジャイアント馬場さん、演歌歌手の小林幸子さん、俳優では渡辺謙さんも新潟県出身です。徐々に親近感が湧いてきませんか。人間は知っている事柄に興味を惹かれるものです。逆に、知らないことについてはハードルが高い。これが47都道府県のすべてがわかると、ニュースが耳に馴染むというカラクリです」

授業の終わりに、講義の感想についてアンケートを取った。

熊谷君は次のようなことを書いていた。

「小学4年生で習うことも知らなかったことにショックを受けた。いつもだったら投げやりになってしまうのだけれど、不思議とこのゼミではマイナスな気持ちにならない。むしろ、バカな自分が知っていることはなんなのか。知らないことを知ることで、本当に知っていることがわかるような気がしてきた。とりあえず、次回の授業も自分の知っていることというレアアイテムを探すつもりで、講義を受けたいと思います」

「知らないことを知る」という部分に赤ペンでアンダーラインを引いた。

「自分のことは自分が一番わかっている」というのは、勘違いである。徐々に学生たちもその部分に気がつき始めたようだ。

手応えを感じながら、「次回は自己分析に駒を進めることができそうだな」と考えていた。

企業も「ハード」「ソフト」「ムーブ」で考えてみよう

1章では、世の中の物事はすべて、「ハード」「ソフト」「ムーブ」という3つの要素からできている、と説明しました。パソコン作業や私たち人間、繁盛しているラーメン屋も、この3つの要素から成り立っているのです。このような考え方を癖づけることで、物事を細かく分析できるようになりますし、何か問題が起きた時にどこが悪いのか気づきやすくなります。では、この考え方は就活にどのように活かせばよいのでしょうか。

志望する企業の選び方は後の章で解説しますが、企業の成り立ちについてはこの3要素で考えることができます。例えば百貨店の場合、ハードはその百貨店の建物、ソフトは販売している商品、ムーブは店員や店員のサービスとなります。どれだけ店構えが立派であっても、品揃えが悪ければ店は繁盛しませんし、店員の態度が悪ければ、お客さんがまた来たいと思わなくなります。

このように、さまざまな業種を3要素に分けて考えてみることで、これまで気がつかなかった、新たな発見も出てくるはずです。そういった部分を志望動機に盛り込むと、ほかの人とは違う目線を持っているな、と採用担当者や面接官に感じてもらえることでしょう。

（例）

【飲食】

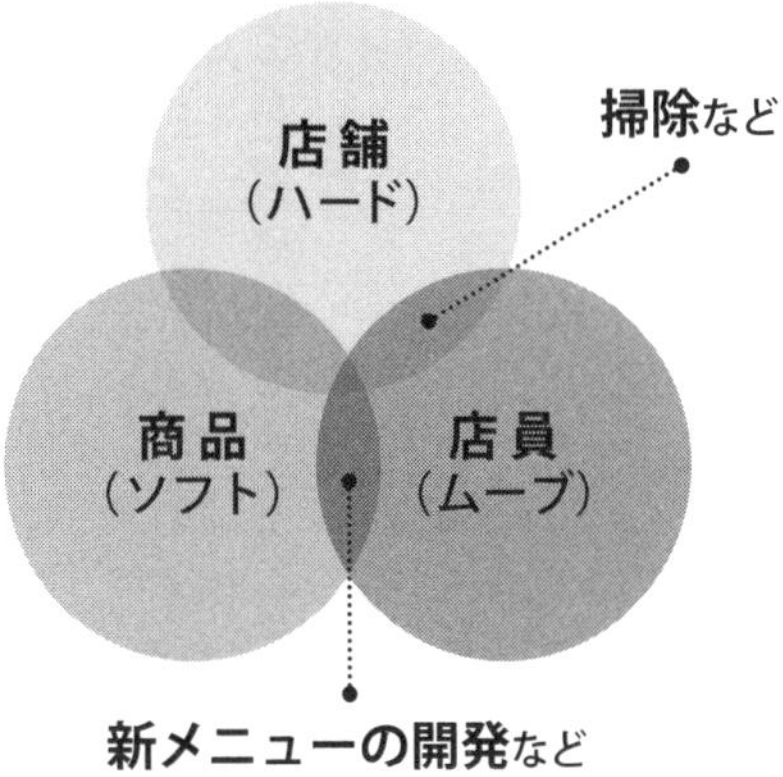
店舗
（ハード）
掃除など
商品
（ソフト）
店員
（ムーブ）
新メニューの開発など

【小売】

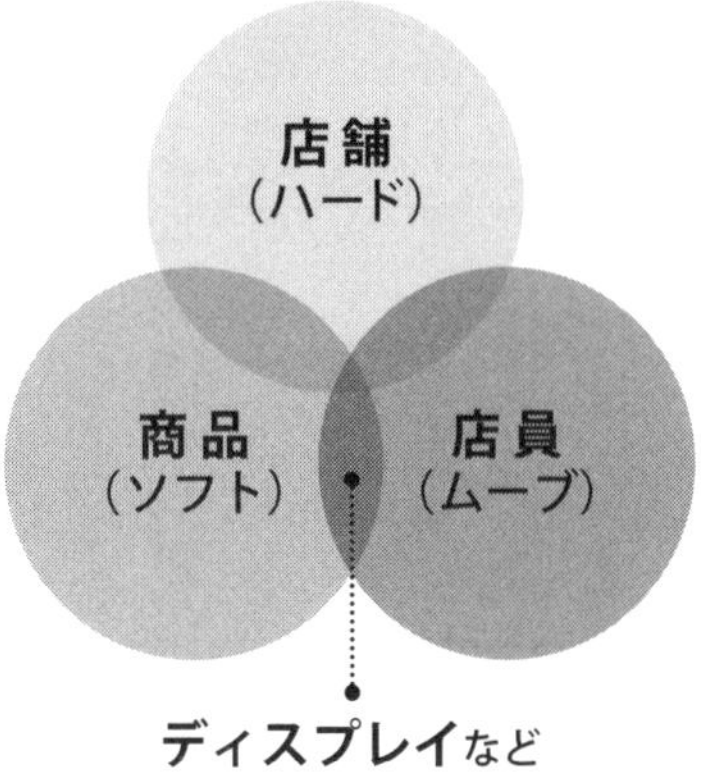
店舗
（ハード）
商品
（ソフト）
店員
（ムーブ）
ディスプレイなど

【IT】

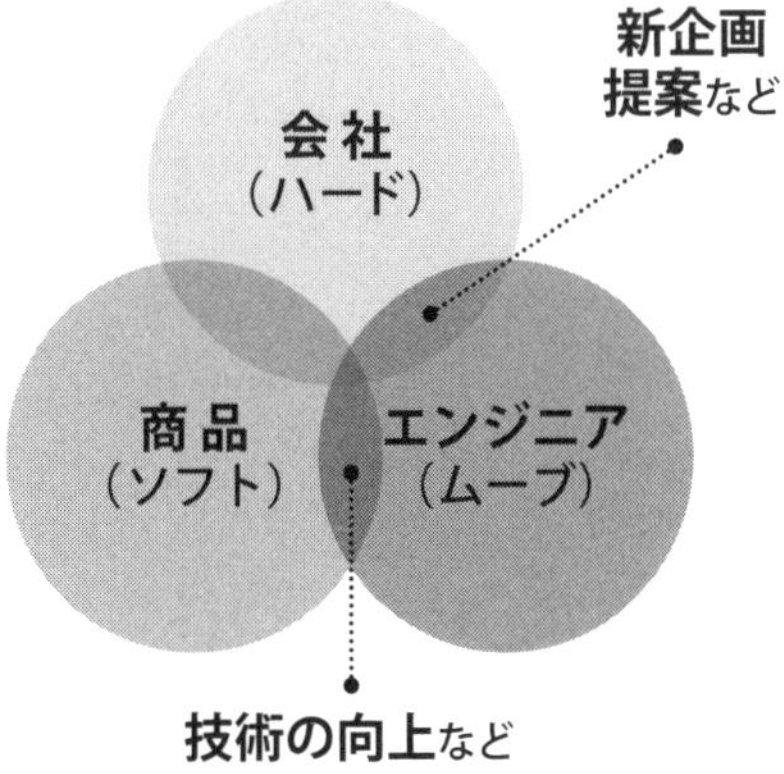
新企画
提案など
会社
（ハード）
商品
（ソフト）
エンジニア
（ムーブ）
技術の向上など

【金融】

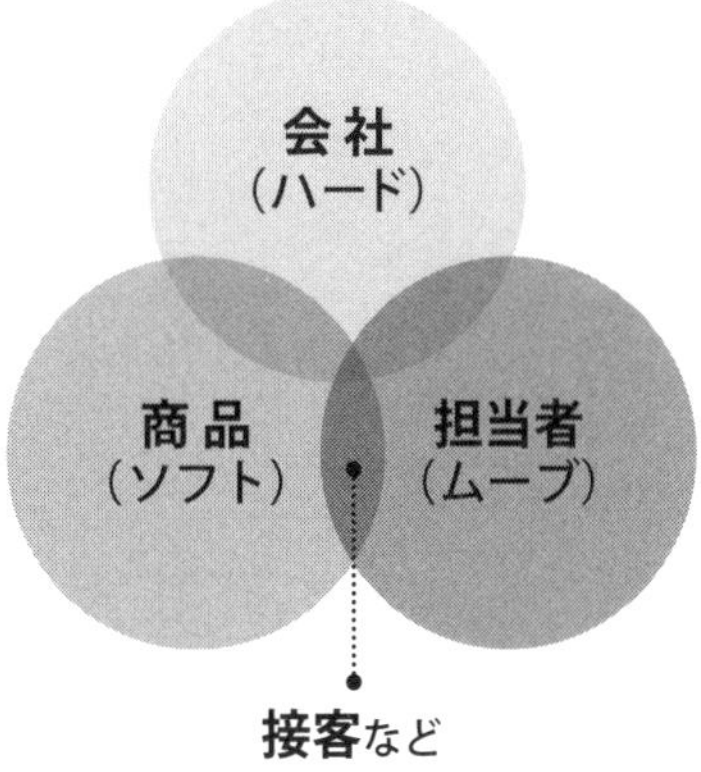
会社
（ハード）
商品
（ソフト）
担当者
（ムーブ）
接客など

2章

ブレない自己分析と自己紹介文を作る

「自分」を理解することなく就活は進まない

「『ドロップアウト』の反撃は始まったのだった」

前回、思いっきりカッコつけたことを言っていたのだが、俺たちは青春ドラマの主人公ではない。そんな簡単に、逆転ホームランを打てるわけがない。デモテープを作るために、合わせては聴き、合わせては聴きを繰り返しているうちにギターの友彰が、拓馬のドラムについて、ボロクソに言い始めたのだ。

「おまえのドラムは感情で叩いていて、ずっとうるさい！」

「リズムが走ったり、もたったりしたりするから弾きにくい！」

「さっき、指摘した部分が全然直ってない！」

ふだん調子はいいが、穏やかな性格の拓馬。だが、ここまで言われたら気分がいいわけがない。

「友彰さんがチマチマ弾いてるから、聞こえないんじゃないですか〜？」

これほど嫌悪感を露わにするのは珍しかった。友彰も言いすぎたことに気がついているようだが、一度抜いた刀を納めるには、もうヒートアップしすぎてしまっている。

「『オープニングアクト脱却を目指す』っていうから、マジで指摘してるんだろ。うまくなろうっていう気持ちが足りないんじゃねえの？」

「言い方ってもんがあるだろうが！」

まさに売り言葉に買い言葉だ。拓馬の言葉は、叫びに近い。これ以上言い合ったら取っ組み合いになりかねない。

「2人とも落ち着けよ。ケンカするために集まったわけじゃないだろ？」

仲裁するつもりだったのに、火に油を注いでしまった。

「光も光だ！　俺たちがこんなに真剣なのに、おまえだけ傍観してんじゃねえよ。おまえもマジになれよ。光は、いつも俺と友彰に責任をなすりつけてばっかりだ。いい加減に逃げるのやめろよ？」

そう言われてしまうとなにも言えない。たしかに、俺はいつも2人の後についてばかりの金魚の糞《ふん》のような気がする。自分が仲裁する資格なんてないのかもしれない。

「このまま話をしててもムダだわ。俺、バイトあるからもう行く」

友彰はさっさと楽器を片付けて、部室から出ていってしまった。

「やってらんねぇよ！」

拓馬も乱暴にバッグを拾って、部室を後にする。２人のことを茫然《ぼうぜん》と見送るしかない自分が情けなくて仕方なかった。

５月。すっかり桜の花は散り、新緑が青い空に映える季節になった。

「みなさん、こんにちは。今日も元気にゼミを始めていきましょう。よろしくお願いします！」

「よろしくお願いします」と、元気な声が返ってくる。授業にコミットする姿勢を覚えたことで、彼らのマインドが少しずつ変化し始めたようだ。

「これまで、学生脳から社会人脳に頭を切り替えるための準備をしてきました」

熊谷君がいつもの軽口を叩く。

「おっ！　ようやく待ちに待ったコミュニケーションですか？」

ほかの学生たちも期待に目を輝かせている。

「残念ですが、そのステップはまだ早いです。**これからみなさんには〝自己分析〟をしてもらいたいと思います**」

一気に学生たちのテンションが下がった。

「期待を裏切って申し訳ないけれど、**自己分析をしないでコミュニケーションはできません。**自分がどんな人間かということも知らないで、相手のことを知ろうだなんて都合がよすぎると思いませんか？」

熊谷君は不満げに「結局、コミュニケーションなんて教えるつもりないんでしょ」とこぼした。

「いいですか。たとえ、コミュニケーションのテクニックを覚えたとしても、必ず就職試験でつまずくことになります。ろくに自己分析をせずに、就職試験を受けたとしましょう。どんなことが起こるか。みなさんはエントリーシート（ＥＳ）を企業に提出して、試験を受けさせてもらいます。そこには志望動機や学生時代に力を入れてきたことを書く欄があるのですが、まずそれが書けません。**自分を知らない人が、志望理由を書けるはずがないでしょう。**まあ、ＥＳをうまくくぐり抜けたとしましょう。面接で必ずボロが出ます。ＥＳは書きっぱなしでいいですが、面接では詳しく聞かれますからね。付け焼き刃でそれっぽいことを書いたとしても、面接官には自己分析の浅さは会って話せば簡単にバレてしまいます。このようにさまざまな関門がありますが、万が一、一芸に秀でていて就職試験を突破したとします。その場合にも自己分析をしていなかったせいで、就職の落とし穴にハマってしまうことがあります。それが**企業とのミスマッチ**です」

ひと息でここまで話すと、深谷さんから質問が上がった。

「ミスマッチってなんですか?」

「学生側の視点で説明すると、自分の性格や仕事に対するモチベーションが社風に合っていなかった場合にミスマッチが起こります。自分が志望した企業のはずなのに、就職してから『こんなはずではなかった……』と決めつけて退職してしまう。これは、**入社した企業に合った人間であるか否かを自己分析できていなかった**ために起こることなのです。大学卒の3年以内の離職率は3割以上とも言われています。試験のみならず、就職してからも自分をしっかり振り返ったかどうかということは重くのしかかってくるのです。それでも、付け焼き刃のテクニックを知りたいというのであれば、教えても構いません」

熊谷君は下を向いて黙っている。どうやら自己分析の重要さが伝わったようだ。

「みなさん、納得してくれたみたいですね。それでは、実際に自己分析に取り掛かりましょう」

用意してきたプリントを学生たちに配る。ロの字のテーブルに沿って右側と左側からプリントを回してもらう。

「いま配っているプリントは、３つのパートに分かれています。**１つめは『自分の現在地チェック』。〝現在の自分〟の『知識』『スキル』『実践力』に関する質問です。**冷静に分析して、嘘偽りなく素直に答えてください。**次に自分の現在地をグラフに落とし込んでもらいます。カテゴリは『健康』『能力』『人間性』『趣味』『目標・計画』『大学生活』『人間関係』『家族関係』『生活環境』という９つに分けられています。**４段階で、自己評価してください。その点数にした理由や根拠も書くようにしましょう。最後に、記述式のパートになります。みなさん、手元に渡ったようですね。それでは、30分間で埋めてみましょうか」

スタートの合図で、学生たちは自己分析シートに取り掛かった。

先日、「ドロップアウト」で話し合ったときの拓馬の言葉。

「おまえだけ傍観してんじゃねえよ。おまえもマジになれよ」

自己分析をしてみようと言われたときに、このひと言がフラッシュバックした。拓馬の言葉には正直、イラッとしたが言い返せなかった。図星だったということだ。自分はどちらかというとまわりの空気に合わせて生きるタイプだと思う。だから、いままでリーダー役は他人に押し付けていたし、責任を負わなければならないことは極力避けてきた。だが、親友の拓馬にそこまで言われるのであれば、きちんと向き合わないといけない問題なのかもしれない。

プリントに目を向ける。そこには次のように書かれていた。

①社会の仕組みや成り立ちを知っている
②自分のことをよく知っている
③人や物事を的確に判断する目をもっている
④人の脳の基本的仕組み、効能について知っている
⑤与えられたテーマに沿って人前で自由に話せる
⑥ほかの人とのコミュニケーションを自在にできる
⑦経済の法則性や仕組みについてよく知っている
⑧人とは圧倒的に違う能力を身につけている
⑨即、お金に換えられるだけの能力をもっている

⑩絶対に自信があることを1つ以上もっている
⑪基本的な社会マナーはすべて身につけている
⑫ほかの人よりも強い意志と精神力を身につけている
⑬強い自己コントロール力を身につけている
⑭誰もが認める勇気と決断力をもっている
⑮たとえ失敗しても立ち上がる根性と気力をもっている
⑯将来の明確な目標をもって毎日それを目指している
⑰人間的な器量（器の大きさ）を備えている
⑱自分に降りかかるあらゆる問題を解決できるだけの能力をもっている
⑲自分が生きている時代の情報については、かなりの部分を把握している
⑳人の心理についてよく知っている

計20問。それぞれに「まったく不足／不足／普通／かなりある／十分にある」というチェック項目が設けられている。5段階評価で自分を採点せよというのだ。自己評価したところ、ほとんどが「まったく不足」と「不足」だった。なんだか、ブルーになってくる。

2枚目のプリントには、9角形の図とアンケート項目があった。

①健康
②能力
③人間性
④趣味
⑤目標・計画
⑥大学生活
⑦人間関係
⑧家族関係
⑨生活環境

これらを「4点：おおいに満足／3点：満足／2点：やや不満／1点：不満」という4段階で評価して、それぞれ理由も書くということだ。4点は、健康と趣味。「バカは風邪を引かない」というのは本当らしく、体調を崩して学校を休んだことはほとんどないし、趣味についてはバンドがある。あとは、ほとんど2点。9角形はいびつな形になった。

残すは記述式のアンケートだ。

Ｑ１：きみが社会から「受け取っている」と思うものを書いてください。

俺が社会から受け取っているもの。考えたこともなかった。社会とはなんだろうか。一番最初に思いつくのは家族。俺は実家暮らしをしている。毎日家に帰れば晩ごはんを作ってくれている母親。大学に通うために学費を払ってくれている父親。大学に行けば、先生たちが講義をしてくれる。そういうことなのかもしれない。次の問い。

Ｑ２：きみが社会に「与えている」と思うものを書いてください。

俺が社会の役に立っているかを聞いているのか。ボランティア活動をしたこともないし、社会貢献とは縁遠い人生を歩んできた。強いて言うなら高校時代から、地元のコンビニ「滑川《なめりかわ》商店」でアルバイトを続けてきた。自分が辞めたら代わりがいないという仕事ではないけれど、微々たる労働力を社会に与えていると言えなくもない。

Ｑ３：きみが「大好き」なことを理由も含めて書いてください。

自分が1日のうちに割いている時間が多いものを考えると、やはり「ドロップアウト」のこと。いまはケンカをしているが、メンバーとしゃべったり、マンガを読んだり、もちろんベースを弾くこと、演奏を合わせることも好きだ。意外にマメなので、自主練も嫌いではない。できなかったことができた瞬間は、誰かに自慢したくなる。

Ｑ４：きみが得意にしていることを書いてください。

好きよりも、もっと難しい。特技やテクニックというような人に自慢できることはもっていない。こういうことを聞かれるなら、高校時代に時間があまるほどあったんだからなにか始めていればよかったと思ってしまう。なにもないから、「ベースの演奏と早起き」と書いておくとしよう。

Ｑ５：最近、特に印象に残った出来事を書いてください。

これは間違いなくバンドのいざこざである。ムードメーカーの拓馬にあそこまで言われるとは思っていなかった。自分のことは自分が一番わかっているつもりだったけれど、痛いところを突かれた気分になった。自分は自分のことを意外にも知らなかったのだ。だから、今回の講義のテーマが自己分析と聞いたときに、少し運命を感じてしまった。自分が直面している問題を解決する手がかりになるかもしれない。

Q6：これまでに目標を掲げて達成できたことを書いてください。なぜできたのか理由も書きましょう。

目標を掲げたことはある。「バンドで定期ライブのトリを飾る」とか、「サークル内の誰よりもベースがうまくなる」とか。ほかには「100万円貯める」「海外旅行に行く」などと考えたこともある。だが、どれも未達成だ。達成できたことといえば、小学校時代に、風邪をひかずに皆勤賞を達成したことくらいだ。

Q7：これまでに目標に掲げて達成できなかったことを書いてください。なぜできなかったのか理由も書きましょう。

達成できなかったことなら残念ながらいくつでも思い出せる。「バンドで定期ライブのトリを飾る」「１００万円貯める」なんていうのは、できたらいいなと思っていることというほうが正しいのだ。理由といえば、目標を掲げてみたはいいけれど、達成までの道のりを計画していなかった。どうしても達成してやろうという意志がなかった。そもそも努力が足りなかったというところだろう。

Q８：きみが応援されていると感じる相手を書いてください。どのように応援されていると思っていますか？

両親の顔が浮かんだ。高校時代部活を辞めたときも、学力的に他大学に進学するのを諦めて、狭川学院大学に内部進学することを決めたときにも、学業ではなくベースに夢中になり始めたときにも、「大丈夫」と「頑張れ」を繰り返し言ってくれた。父親は働いて学費を払ってくれているし、食事や洗濯など自分がやらなくても、母親がやってくれている。改めて聞かれると、応援されてばかりだ。

Q９：きみが応援している相手を書いてください。どのように応援していますか？

面倒を見てくれている家族に恩返しができていないし、友達にもしてもらっていること以上のことをしてあげられる自信はない。自分は人を応援できるような立派な人間ではないと思っている。

というところまで書いて、ハッとする。「自分は立派じゃないから」という理由をつけて、自分からアクションを起こすことがない。そして、責任を負うこともない。つまり、拓馬が言っていた「逃げている」というのは、こういうことだったのか。情けない気持ちになったが、ようやく理由らしいものがわかって少し心が軽くなった。

Q10：これまでに勇気を出して行動したと思うことを書いてください。行動したところどのような結果になりましたか？

最近、勇気を出したことなんてあっただろうか。うなりながら考えていると1つだけ思い出した。このゼミへ入るための試験を受けたときのことだ。ふだんは自分からアクションを起こすことがないのだが、このときは違った。なぜ合格したのかを先生に聞きに研究室に行ったのだ。あれは、自分の「知りたい」という気持ちに突き動かされての行動だったと思う。失敗を恐れることよりも、行動した先にあるものを得たいという気持ち。それが勇気なんじゃないか。
次が最後の問いだ。

Q11：これまで勇気を出して行動できなかったと思うことを書いてください。その結果どのような結果になりましたか？

高校時代、俺は野球部に入っていて、ポジションはレフトだったのだが、2年生のときのとある試合が心に残っている。試合が進み3回の裏、2死2、3塁。打者の打った球はセンターとレフトの間に上がった。いま冷静に振り返れば明らかにレフトの捕るべき球だったのだが、それまでミスが続いていた俺は、怖くなって途中で追うのをやめた。センターに責任を押しつけたのだ。結果、中途半端な俺の行動によって緩いフライはヒットに。当然、俺は交代。試合はぼろ負けした。先輩の追及に対して、「センターの球だと思った」と言い訳をして、素直に反省ができなかった。それからしばらくして俺は、逃げるように野球部を退部。あのとき、逃げなければよかったと後悔している。

気がつくと、時間はとうにすぎていた。教壇の吉田先生は、じっと黙って学生たちが自己分析シートを記入しているのを眺めていた。

「はい！　それでは、みなさん記入できたようですね。自己分析シートを書いた感想を書いていただいて今日のゼミは終わりにしたいと思います」

　学生たちはグッタリしている。「テストでもこんなに集中したことはありません」と、言わんばかりの表情だ。

　講義後に研究室に戻ると、まもなくしてノックの音が聞こえた。「吉田先生いますか？」という声。与野君である。

「どうぞ」と、声をかけるとゼミ面接後のときのようによそよそしく入ってきた。部屋にあるパイプ椅子にかけるよう勧めたが、相変わらず彼は突っ立ったまま話し始めた。

「俺の自己分析シートを見ていただけませんか？」

　いつも、この学生は唐突である。でも、この前向きな姿勢は素晴らしい。

「いいでしょう。少し、待ってもらえますか？」

　そう言って、彼の自己分析シートを読み始める。非常に素直な自己分析がされている。

本人は、高校時代につまずいた自覚があり、それをいまも引きずっているようだ。自己評価は決して高いとは言えない。黙って読み進めている私にチラチラと視線が送られてくる。どんな言葉が返されるのか、期待と不安が入り混じった顔をしている。自己分析シートを机に置く。

「どうでしょうか。俺は、俺のことを正しく分析できているのでしょうか？」

不安そうな質問が飛んできた。

「現時点での自己分析において大切なのは、正しく分析できているかということではありません」

あからさまに落ち込んだ様子だ。どうやら「きみの分析は間違っている」と言われたと解釈したらしい。

「落ち込むことはないですよ。なぜなら、私もまだきみのことを十分に知っているわけではないですからね。このプリントだけを見て、きみが自分を正しく分析できているかと聞かれても十分な答えを出すことはできないのです。今回の自己分析の目標は、正しく分析するということではありません。**自分について考える**ということにあるのです。その点では、与野君は**素直に自分を見つめようという努力の跡が見られます**」

少しだけ表情が明るくなった。

「でも、**きみの自己分析にはムラがあります。**回答欄にびっしりと書かれている場所もあれば、回答欄が少ししか埋まっていない部分もあります。就職試験のことを考えるとこれはいただけませんね……」

彼の緩んだ顔が引き締まった。

「空欄で提出しているわけではないのですから、０点ではないですよね？」

「うーん、あえて点数をつけるなら１００点満点中の10点ですね」と、私は答える。なぜと言わんばかりの彼をさえぎって話を続ける。

「これは、就職試験のエントリーシートや作文に通じていることなのです。『５００字で書きなさい』と言われたら、５００字以内でまとめるように書けなければいけません。せめて、４９０字前後で書いてもらいたいですね。仮に3行の回答欄を提示されたら、3行で書く必要があるのです。そうしないと、出題者の意図を汲んだことにはなりません。**意図が汲めるというのは、相手の言いたいことを理解しようという姿勢があるということ**です。逆に、相手の意図を理解しようとしない人は自分勝手な解釈になってしまいがちです」

自分勝手という言葉に与野君はビクッとした。

「きみは社会人になって、人の想いを汲んでまわりの人間に愛される人間と、80歳になって人の気持ちを理解しようとしなかったことを後悔する人間のどちらになりたいですか？」

「最初のほうがいいです」。彼はポツリつぶやいた。

「きみはラッキーです。大学生をしている今、そのことに気がつけたのですから。大人になると、思考の柔軟性がなくなってどんどん頑固になっていきます。さらに年齢を重ねるということは、注意してくれる人が減ってしまうことでもあります。上司に注意できる部下なんてなかなかいませんからね。自分を省みるきっかけを失ってしまうのです。自分に足りないことを自覚したのであれば、いまから少しずつ補っていけばよいのです」

　この言葉だけで彼には十分だったらしい。じっくりと自分のなかで咀嚼《そしゃく》をしながら黙っている。整理ができたようで、ついに納得した表情で顔をあげた。

「吉田先生、ありがとうございました！」

　深々とお辞儀をした与野君は研究室を後にした。彼はこのゼミに入ってから、少しずつだが着実に変わろうとしているのだ。


「みなさん、こんにちは！　今日はついに、アレをみなさんに伝授したいと思います」

　5月も中旬になり、前期の講義も波に乗り始めた。ネットニュースでは、「五月病の対処法」が話題にされていたが、学生たちにとってはどこ吹く風で、モチベーションを高めているようだ。

「いよいよ、コミュニケーションですか！」という声に、即答。

「残念ながら、今日は自己紹介を勉強していきましょう！」

お笑い芸人の集団芸のように、みんなズッコケる。「ビジネスコミュニケーションゼミなのに、なぜかコミュニケーションについて教えない」というのが、学生のなかではもはやネタになっているらしい。

「**自己紹介を笑う者は自己紹介に泣きます**。簡単だと思うなら試しにやってみますか？」

こういうときに、最初に手を挙げるのは軽口の熊谷君だ。

「楽勝ですよ！　なんたって、初回の授業でやっていますからね」

「では、熊谷君。自分の思うままに自己紹介していただきましょう。ただし、このゼミを受講した理由を必ず入れるように。時間は1分間でお願いします」

半袖を着ているくせに、彼は腕まくりするジェスチャーをして気合いを入れた。準備が整ったことを確認して、始まりの合図をする。

「僕の名前は熊谷和人です。埼玉県の狭川市の出身です。高校時代はサッカー部に所属していました。自慢ですが、体育だけは5段階評価の5でした。保健体育なら筆記も得意なので。えーっと、アルバイトは居酒屋でやっています。ビールは太るっていうけれど、有名タレントが、ビールが太るというよりも一緒に食べるツマミが太る原因だと言っていたので、ビールを怖がることはないと思います。えーっと、将来の夢は、飲食店経営です。社長とかオーナーって呼ばれるようになりたいです。このゼミを受けた理由でしたっけ。それは、就職試験に有利だって聞いたから。よろしくお願いします」

教室内に拍手が起こる。

「初めてにしてはなかなかよかったですよ。時間は、1分24秒ですね。では、与野君もやってみましょうか」

絶対にあてられまいとして、視線を落としていた彼を指名する。あからさまに嫌な顔をしながら、「わかりました」と観念した声を出した。

「与野光です。埼玉県出身です。高校時代は、最初、野球部に入っていたんですけど、すぐに辞めて帰宅部になりました。いまは軽音楽サークルでベースを弾いています。このゼミに入ったのは、先輩の話を聞いて興味をもったからです」

頭をちょこんと下げる。終わりらしい。

「はい。お疲れさまでした。時間は34秒ですね。さて、2人の学生にチャレンジしてもらいましたが、残念ながら2人とも失格です。熊谷君は長すぎ。与野君は短すぎです。みなさんにはトレーニングをしてもらい、1分ぴったりで自己紹介できるようになってもらいます」

案の定、「いや、ムリっす」というリアクション。

「熊谷みたいに、人に自慢できるような話もウンチクもないよ」

「人前で話すのは自信ないな」

「自己紹介って、なに話せばいいのかわかんないし」

みんな口々に弱音を吐く。お約束の愚痴たらたらタイムに突入だ。

「『自分には話す内容がない』『なにを話せばいいかわからない』と言っていた人。逆に言えば、内容さえ決まっていれば問題なく話せるということですね。『人前で話すのが苦手』だと言っていた人。決まったことを何回も練習したら、緊張しないで話せるようになると思いませんか?」

深谷さんが「そんな魔法のようなこと……」と口走って、口を両手で塞ぐ。

「そうです。私は、コミュニケーションにおいてはみなさんに魔法をかけることができます。その証拠に、私が1分間の自己紹介を実践してみましょうか」

私は、ストップウォッチを深谷さんに渡した。息をのむ音が聞こえて、教室内は静寂に包まれる。ピッとデジタル音が響いた。

「みなさんこんにちは。みなさんとビジネスコミュニケーションゼミを学んでいく吉田栄一と申します。吉田の吉は大吉の吉。田んぼの田。一番に栄えると書いて、吉田栄一と読みます。吉や栄がついているラッキーな名前なので、ツキがほしい人は授業終わりにでも握手しましょう。きっと幸運をお分けできると思います。出身は群馬県前橋市で、現在は埼玉県日高市に住んでいます。狭川学院大学の国際コミュニケーション学部の准教授をしております。趣味はスポーツ観戦と読書です。最近ハマっていることは、ＹｏｕＴｕｂｅで世界遺産の映像を見て楽しむことです。この出会いによって、自分自身いっそうの成長ができることをとても楽しみにしています。今後とも、吉田栄一をよろしくお願い致します」

ピッと音がして、深谷さんがストップウォッチを読み上げる。

「……1分ぴったりです」

歓声があがった。だが、驚くことではない。何度やっても私は1分で話せるのだから。

「なぜ、1分間ちょうどで話せるのか、その理由が知りたくないですか?」

熊谷君が「ストップウォッチに仕掛けが!」などと、とんでもない理論で物言いをつけてくる。もちろん、そんなわけはない。

「この自己紹介には仕掛けがあります」と話したところ、「やっぱり」と熊谷君。

「ストップウォッチには仕掛けはありませんよ。仕掛けは自己紹介の順番にあります。次のようになります」

①挨拶「みなさんこんにちは」

②名前「今日から２年間、みなさんとビジネスコミュニケーションゼミを学んでいく吉田栄一です」

③名前の分解「吉田の吉は大吉の吉。田んぼの田。一番栄えると書きます」

④出身地・住んでいるところ「出身は群馬県前橋市で現在は、埼玉県日高市に住んでいます」

⑤所属「狭川学院大学の国際コミュニケーション学部の准教授をしております」

⑥趣味・嗜好「趣味はスポーツ観戦と読書」

⑦最近興味のあること・ハマっていること「最近ハマっていることは、ＹｏｕＴｕｂｅで世界遺産の映像を見て楽しむことです」

⑧抱負「この出会いによって、自分自身いっそうの成長ができることをとても楽しみにしています」

①挨拶に戻り「今後とも、吉田栄一をよろしくお願い致します」

「と、こうなります」

一気に集中力を高める学生たち。もう、茶々を入れる者は誰もいない。

「授業の最初に配ったプリントを見てください。9つの四角形が並んでいますね。私のゼミではマンダラボックスと呼んでいますが、この真ん中の四角に自己紹介と書き込んでください。その真上に①挨拶と書きましょう。右に移って、②名前。その真下に③名前の分解。そのまま、ぐるっと回って⑧抱負ですべての空欄が埋まりましたね。①から右へグルっと1周すると最後に①挨拶に戻ってきます。ハートの形が描けたことに気づきましたか？　ハート＝つまり、心を込めてこの順番で①から⑧までのことを話すのです。

その順番通りに話せば、詰まることなく自己紹介できるという仕組みになっています。今回の講義では、これをマスターしてみなさんの必殺技にしていただきたいと思います」

そこまで言うと、深谷さんから質問が上がった。

「本当に、自己紹介が必殺技になるんですか？」

毎年聞かれる質問である。確信をもって私は答えた。

「いままでにみなさんは学校の授業で自己紹介を習ったことがありますか？　ありませんね。当然です。自己紹介は、国語や数学、英語のように授業のカリキュラムに組み込まれていませんから。つまり、東大、早慶の学生たちでも自己紹介について学び、習得している者は少ないと考えるのが自然。彼らが教わらないことを、きみたちは短時間で身につけることができるのです。

この1分間の自己紹介は、割合でいうと１０００人に１人しか知らないくらいの大技です。過去のゼミ生の話をしましょう。建設業界の大手であるＫグループにその年80人の新卒が採用されました。彼もそのなかの１人だったのです。入社直前の３月に新入社員の研修会がおこなわれたのですが、その冒頭で全員が自己紹介をする機会を与えられたそうです。ほとんどの学生は、名前と出身大学を言って終わり。だいたい15秒くらいですかね。だけど、彼はこのゼミで習得した1分間の自己紹介をそこで見事にやりきりました。会場は割れんばかりの拍手。研修担当者も驚いて後から「どこで習ったの？」と聞いてきたそうです。そんな完璧な自己紹介ができたのは、１人だけでしたから。結果、80人で３人しか選ばれない本社組に彼は選ばれたのです」

ドラマのような話に「その人が優秀だったからですよね？」と、懐疑的な意見が飛ぶ。

「彼だけではありません。別の学生は、最終の役員面接で、『ゼミではどんなことを学んできたの？』と聞かれたそうです。自己紹介をはじめとするビジネスコミュニケーションを学びましたと言ったところ、『じゃあ自己紹介をやってみてくれる？』と返されたそうです。待っていましたとばかりにゼミで学んだ1分間自己紹介を披露したそうです。それを聞いた役員はその場で『きみ、合格』のひと言。一発内定ですよ。泣きながら電話してきたことをよく覚えています。ほかに質問がある人は？」

与野君が手を挙げた。

「仕組みはわかったのですが、1つ疑問が。名前を分解する意味ってなんですか？」

「人間は情報を左脳から取り込んで、右脳でイメージします。ロジックをイメージに変換するというわけです。詳しく分解すると印象に残りやすくなります。『吉田の吉は大吉の吉。田んぼの田。一番に栄えると書きます』と言われたほうが、絵が浮かんで親しみやすいでしょう？　ちなみに、『吉や栄がついているラッキーな名前なので、ツキがほしい人は授業終わりにでも握手しましょう』と言ったのも、名前の分解から話を膨らませた応用テクニックです」

なるほど、とうなずく与野君。

「みなさんにはこれまで、社会の仕組みや自己分析など理解に関することを教えてきました。自己紹介というのは、1つのテクニックです。これをマスターすると、きみたちにしかできないことが目に見える形になります。しっかりと身につけて自信をつけてください。それでは、グループになって自己紹介の練習を始めましょう！」

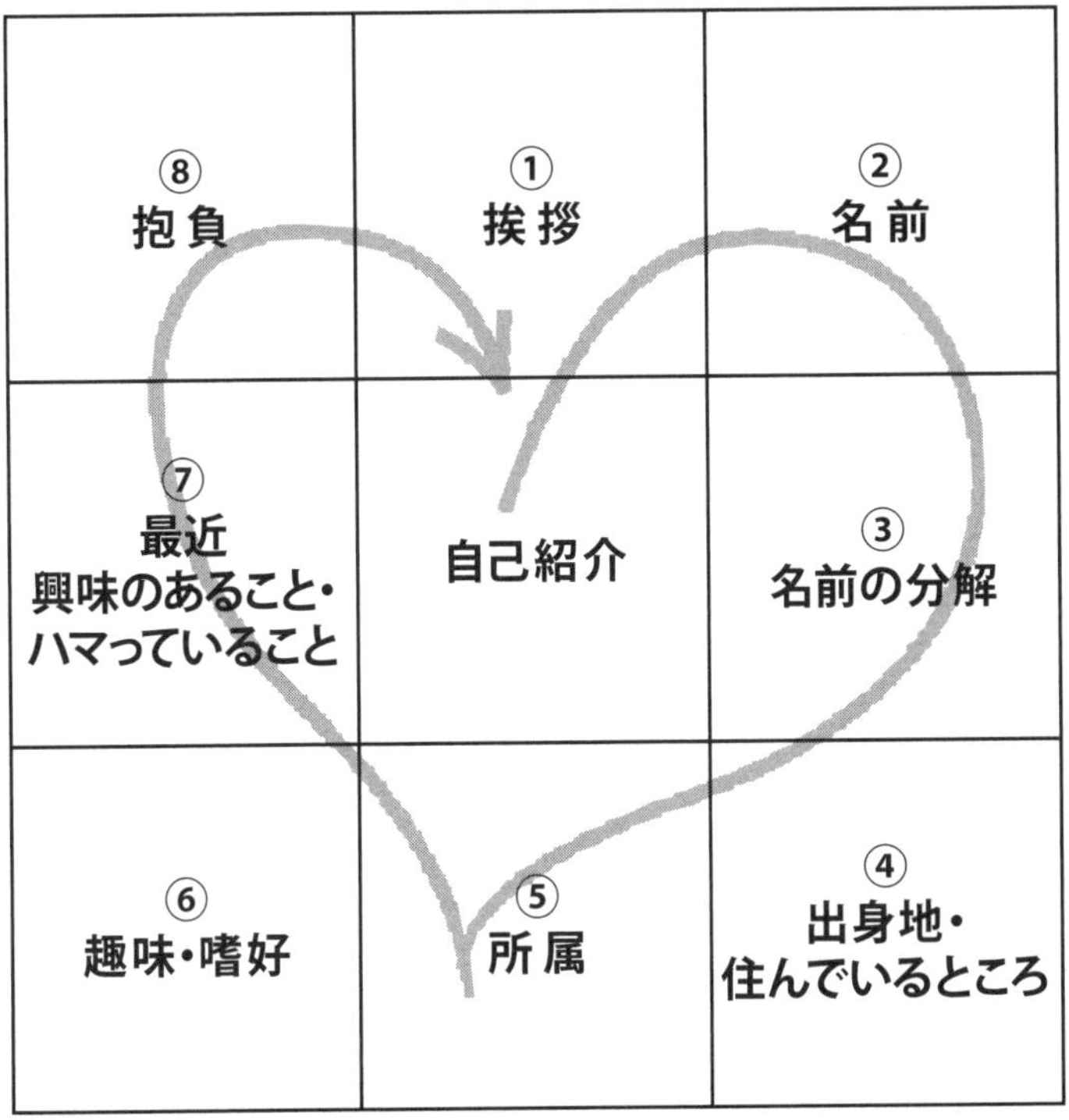

①から順番に自己紹介を進めることで、スムーズに話すことができます。
ハート型を意識することで、順番を間違えることもないでしょう。

講義が終わると、「ドロップアウト」のメンバーに招集をかけた。まだ2人とも学校にはいるはずだ。あの事件から2週間ほど話しかけることができなかったのだが、今日こそ、逃げずに話し合いたい。

拓馬も友彰も返信は早かった。今日の授業は2人ともオールアップしたようで、すぐに部室に集まることに。部室の前で、深呼吸をした。来なれた場所なのに吉田先生の研究室を訪れるときのように緊張する。ひと息にドアを開けると2人はすでに集まっていた。重苦しい空気のなか、沈黙を破ったのはやはり拓馬だった。

「このまえは、俺が言いすぎたよ。悪かったな」

いつもの軽さはない。友彰も言いすぎたという思いでいるらしい。

「おまえの気持ちを考えずに勝手なことばかり言っていたと思う。ゴメン」

吉田ゼミで自身について振り返ったことを話す。

「このまえ、講義で自己分析っていうのをやったんだ。高校時代に野球部辞めたときのこととか、いろいろ振り返ってさ。俺、あのころから成長していない気がする。大事なときはいつも2人に決断を任せていて悪かったと反省してるんだ。だから、俺はもう逃げない。

形だけではない『ドロップアウト』のリーダーを務められるように頑張りたいと思う」

言い切った。俺なりの所信表明である。

「おっ！　与野君、ついにエラーを恐れずに戦うというのですか？」

茶々を入れる拓馬だが、気を遣ってくれているのが痛いほど伝わってきた。野球部を辞めて無気力になった俺を励まし続けてくれたのはほかならぬコイツなのだから。

「責任もって、おまえの練習にも付き合ってやるから覚悟しておけよ」

拓馬の憎まれ口に答えているうちに、少しずつ俺たちの空気が戻ってきた。

「このまえに話した、ハード、ソフト、ムーブの件だけど、俺たちがいま直さなきゃいけないのは、やっぱりムーブだと思う。いままでそれぞれが思い思いに練習してきたし、俺は仲間に注意することも怠ってきた。演奏技術はすぐによくならないかもしれないけれど、それをカバーできるようにチームワークを上げていきたい」

自己分析をしたことで、自分の弱点と少しだけ向き合えるようになった。7月の定期ライブまではあと約2カ月だ。

マンダラボックスを使った自己紹介

「自己紹介をしてください」と言われても、「何を話せばいいの?」「どのくらいの長さで話せばいいの?」など、難しいと考える人も多いのではないでしょうか。この「マンダラボックス」のテクニックを覚えれば、誰でも簡単に最強の自己紹介ができるようになります。

まず、隣のページにあるような9マスの表を用意します。そして、この順番通り①から話していきます。この順番を覚えるだけで、スムーズな流れで話すことができるようになり、自己紹介だけではなく、プレゼンの発表やスピーチなどにも応用することができます。また、各マスの分量を考えながら話すことで、30秒、1分、3分など、シーンに合わせた長さで話すこともできるようになっていきます。さらに声の大きさやトーン、めりはり、笑顔などの話し方にも注意しながら練習をするだけで、今は話すことが苦手な人でも、必ず人前で話すのが得意になっていきます。

このテクニックは社会人でもきちんとできる人は少なく、これを習得するだけでも就職活動の場や社会に出てからでも、立派な武器の1つとなることでしょう。

⑧ 抱負	① 挨拶	② 名前
⑦ 最近 興味のあること・ ハマっていること	自己紹介	③ 名前の分解
⑥ 趣味・嗜好	⑤ 所属	④ 出身地・ 住んでいるところ

3章 ビジネスコミュニケーションを磨く

面接官に「一緒に働きたい」と思わせる

研究室の扉をノックする音が聞こえた。「失礼します」という小さな声は、与野君のものではない。

「どうぞ、お入りください」

いつものように研究室に招き入れると、そこに立っていたのは深谷さんだった。人生で一度も染めたことはありませんと言わんばかりの黒髪。うつむきがちな目元にかかったふちの厚いメガネ。本当は、１６０センチ以上ありそうなのに、背中が丸まっているせいで、小柄に見える身長。そして、いつも困ったように眉毛が傾いている。うむ、今日も安定の傾斜角だ。見た目は自信のなさが溢れているのだが、ゼミの講義には積極的に参加している。真面目な学生で、授業中にもなかなか鋭い質問を投げかけてくる。

「私、人とコミュニケーションを取ることが苦手で、それを克服したくてこのゼミを受けたんです」

「ええ」と相づちを打って先を促す。

「自己分析をした結果、やっぱり私は人と関わることにつまずいてきたんだと実感しました。いまだにゼミで仲良く話せる友達もいないし、話しかけられても会話が弾まないというか、私なんかと話していても楽しくないんだろうなって思ってしまうんです」

　また、「ええ」と相づちを打って先を促す。

「声は小さいし、リアクションも薄いし、まわりから扱いづらい人間だって思われているような気がしていまして。……すみません。先生もお忙しいのに、こんな話聞いていられませんよね？」

「いいえ」と、私はきっぱりと否定する。

「私は、あなたと会話ができて、むしろ楽しいですよ。あなたのことを少しでも知ることができましたから。それに、深谷さんは最初に自己紹介の練習をしたときよりも、ずいぶん声が大きくなったと思います。授業中に質問もできているじゃないですか？」

　深谷さんは首を横に振った。動きに合わせて長い黒髪もゆっくりと揺れる。

「質問できるのは、先生が授業にコミットするようにおっしゃったからです。それに質問は、会話ほどラリーが多くないから。ふだんは家族以外とは1日話さないでいることもあるくらい会話が苦手なんです」

　そう言って、またうつむいてしまった。自己肯定感が低い学生にありがちな動作だ。

「大丈夫ですよ。いまはコミュニケーションが苦手かもしれないけれど、あなたはコミュニケーションの種を確実につかんでいますからね。**自己分析をしたことで自分に足りないものに気がつき、向上心をもって改善しようとしています。**もっと自分を褒めていいと思います。ところで、あなたはいま、コミュニケーションという言葉を何度か使いましたが、その定義をどのように考えていますか？」

　初回の授業で投げかけたことをもう一度問う。先ほどよりも眉毛の傾斜角がきつくなっていた。

「次回の授業では、ついにコミュニケーションについて学びます。いまの問いは、それを学ぶ上での前提です。自分なりの答えをじっくり考えてきてください」

　深谷さんは「はい」と返事をして、研究室を後にした。

「先生、本気ですか！」

　熊谷君が、目を見開いている。信じられないといった表情だ。

「このゼミでコミュニケーションを学ぶ日がくるなんて！」

と、彼が言うと教室内は笑いに包まれた。ビジネスコミュニケーションを学ぶという題目で吉田ゼミはスタートした。それなのに、まったくコミュニケーションを教えてくれないゼミというのが、学生たちのあいだでネタになっているのだ。６月になり、土台が組み上がってきたので、「今日はコミュニケーションを学びましょう」と、授業の始めに話したところ、このようなリアクションが返ってきたのだ。

「当然です。みなさんは、そのためにここに集まっているのでしょう。ところで、みなさんはコミュニケーションという言葉をふだんから当たり前のように使っていますが、その意味について理解していますか？　まずは、じっくりそのことについて考えていただきたいと思います。時間は10分間とします。５人ずつの３つのグループにわかれて話し合って、答えを１つにまとめてください」

学生たちはグループにわかれて討論を始めた。

「俺は、単純に会話することがコミュニケーションだと思っていたけど」

「だから、面白い話ができる人はそれができる人なんだよ」

「就職試験に役立つっていうゼミなんだから、相手にうまく自分のことを伝えるテクニックをコミュニケーション能力があるっていうんじゃないの？」

「初対面の人でもすぐに仲良くなれる人はコミュ力あるっていうよね？」

討論はずいぶんと盛り上がっている様子だ。あっという間に10分が経過した。

「みなさん、答えは1つにまとまりましたか？　それでは、A班から順に代表者に発表してもらいましょう」

まずは、A班。「はーい」と、熊谷君が前に出てきて発表をする。

「相手を楽しませることができるトーク術がコミュニケーションだと思いました」

A班の彼以外のメンバーは不服そうにしている。それもそのはずだろう。それは、A班の意見ではなく熊谷君個人の意見だからである。ではB班。意見をまとめるリーダーが決まっていなかったらしく、結局、与野君が押し付けられたような形で前に出た。

「B班では、えーっと、伝えたいことがわかるようにわかりやすく話し、意見を交換することがコミュニケーションなのではないかなという意見をみんなの意見にしたいと思います」

リーダーは自信なさそうに発表した。

最後に、C班。深谷さんが代表として前に出てきた。

「言葉を使うだけではなく、手話のように体の動きで伝えることもコミュニケーションなのではないかという意見が出ました」

3班の発表が終わる。十分に話し合いができた班もあれば、話がまとまらなかった班もあった。

「お疲れさまでした。B班の意見を交換するという部分やC班の言葉以外のコミュニケーションに触れたところは、いい着眼点でしたね。A班については、班でまとめた意見を発表する場なので、次回はその点に気をつけましょう」

熊谷君はA班のメンバーに手を合わせて謝るジェスチャーをしている。咳払いをして先を進める。

「この定義について、正しく理解している人は意外に少ないです。企業の人事担当者でさえ、『コミュニケーション能力が高い人材がほしい』というわりに、『コミュニケーション能力が高いというのはどういうことですか?』と聞くと、答えに詰まってしまう。つまり、定義が曖昧《あいまい》なのです。

コミュニケーションとはなにかを知らないで、テクニックを教わっても身につきません。それは筋肉のことを知らない人が、がむしゃらに筋トレしているようなものです。たとえば、腕まわりに筋肉をつけたいと思っている人がいるとしましょう。腕にも上腕二頭筋と上腕三頭筋などがあり、ついている場所や適切なトレーニングの方法も違います。誤ったトレーニング方法は上達しないどころか、怪我につながることもあります。

コミュニケーションも同じく、適切なトレーニングがあります。社会人が10万円の費用をかけて学びたがることを、幸運なことに、みなさんは学生時代に親御さんの出してくれる学費で学ぶことができるわけです」

熊谷君は、筋トレの話をしたせいか、腕まわりの筋肉を触りながら聞いている。

「では、本題です。コミュニケーションとはなにか。まず、コミュニケーションのために使う道具が2つあります。熊谷君、なんでしょうか？」

「言葉と、う〜ん、……筋肉ですか？」

深谷さんに水を向ける。

「手話とか、ジェスチャーでしょうか」

「熊谷君の得意のやつですよ」と言うと、本人が答えを返してきてくれた。

「俺と言ったら、やっぱりこの爽やかな笑顔ですよ」

何人かの学生を指して答えを出してもらったところで正解の発表。

「いい線いっている答えがいくつかありましたね。**正解の1つは言語です。2つめの答えには、ジェスチャーも笑顔も正解に当たります**」

「それじゃ、2つじゃないじゃないか」と言わんばかりに熊谷君がつっこんでくる。

「ジェスチャーや笑顔はいずれも**非言語**に属します。非言語とは、読んで字のごとく言語以外のものを指します。仕草や態度なども非言語でのコミュニケーションと言えます。非言語のなかでも特に重要なのが、表情です。だから、笑顔という答えは非常によかったですよ」

教室の窓に目を向ける。梅雨入りを迎えたこともあり、しとしとと雨が降っていた。

「たとえば、眉をひそめて『今日は雨ですね』と言ったとします。どんな印象ですか？」

熊谷君は「あからさまにイヤそうっすね。俺も雨が嫌いだからマジ同意です」と、答えた。次に、ニコニコ笑顔にして言い直した。

「『今日は雨ですね』。今度はどうですか？」

深谷さんは「なんだか嬉しそうです」と微笑んだ。

「そうです。同じことを言っているのに、捉えられ方がぜんぜん違う。これは、相手が言語だけではなく、非言語からも情報を得ていることの証明です。『人に会ったときにニコニコしなさい』と言われるのは、笑顔にしているだけで相手に安心感を与えられるからです。だから、**非言語コミュニケーションの中心は表情**だと言われています。**その次に大事なのが声のトーン**。高い声だと楽しげに聞こえたり、荒らげると怒っているように聞こえたり、暗い声だと落ち込んで聞こえたりしますよね。そして、所作。胸を張って相手の目を見て話すのか、腕組みをして話すのか、背を丸めているのか、伝わり方が変わります。では、これらの道具を使って、なにを伝えるのでしょうか」

与野君を指す。笑顔が大切だと言ったせいか、口元に笑みを浮かべながら「自分の言いたいことだと思います」と答える。なんだか、たどたどしい。

「**伝えるべきものは3つあります。まずは感情。なにをどう感じたのか。次に、思考。情報をどのように分析し、考えたのか。そして、意思。自分はどうしたいのか。これらをメッセージに乗せて、伝達、交流することがコミュニケーションです。**このメッセージをうまく伝えることができる人が、発信力があると言われる人たちです。とは言え、これがコミュニケーションのすべてではありません。伝えることばかりに意識が奪われがちですが、交流するということができて、初めてコミュニケーションになります。B班の『意見を交換する』という答えは、交流という部分をとらえていましたね。素晴らしい」

与野君はほかの学生と見合わせて、今度は自然に笑っている。

「これがわかると、コミュニケーションの筋肉がどこについているのかが明確になってきます。たとえば、言語の分野のコミュニケーションが苦手だという人。ボキャブラリーが少ないという人や、世間一般で使われている言葉・知識を知らないという人はその部分を補えばいいわけです。本を読んだり、ニュースを見たり、相手の言っている言葉の意味を調べたり、いろいろな対処法が浮かびます。非言語のコミュニケーションが苦手だという人。ビジネスに必要な所作を知らない人。人の目を見て話せない人。感情を表現するのが

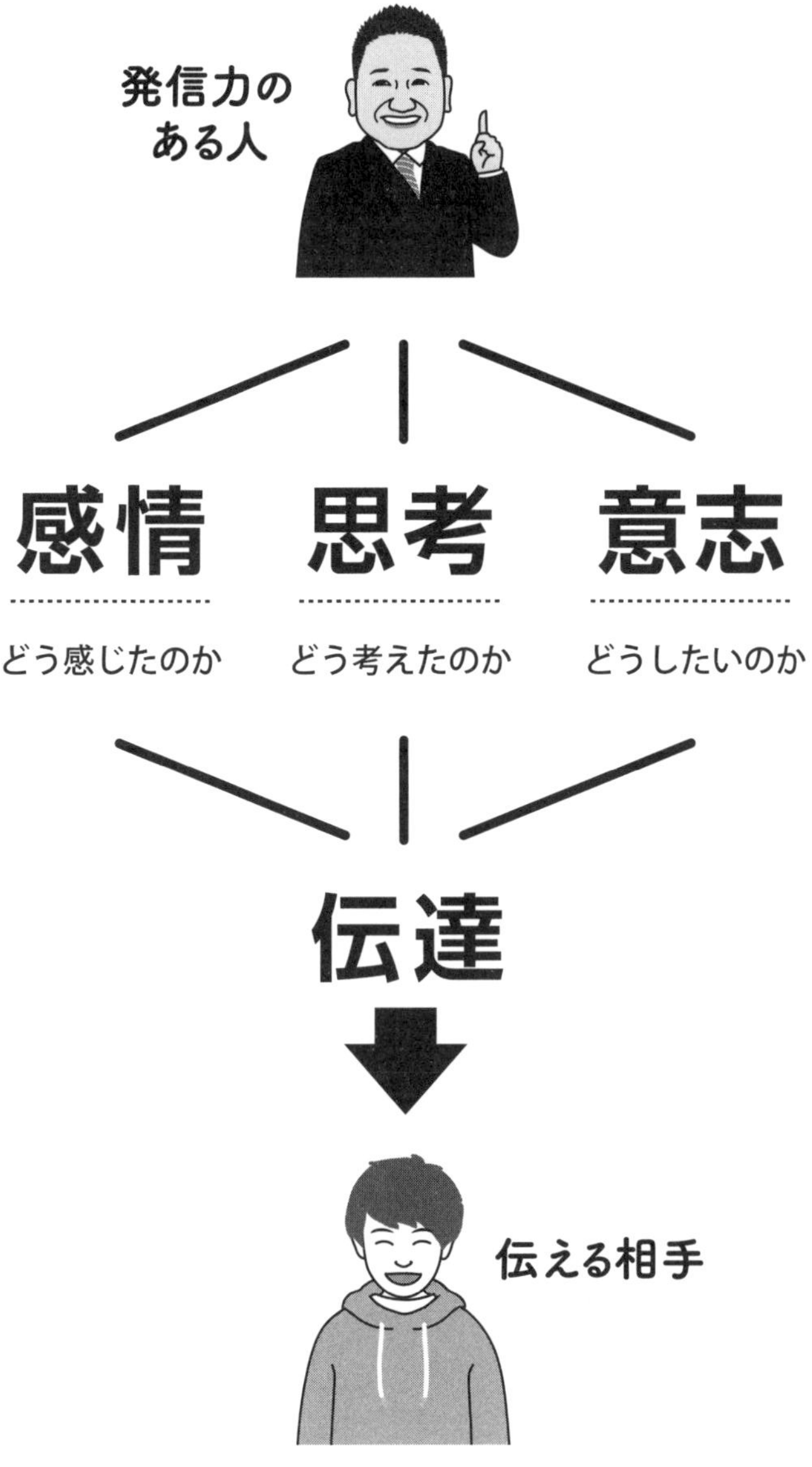
発信力のある人
感情
どう感じたのか
思考
どう考えたのか
意志
どうしたいのか
伝達
伝える相手

下手くそな人。こういった悩みを抱えている人もいると思います」

ゼミ生全員に言っているのだが、深谷さんがひときわ強く反応したのがわかる。

「非言語コミュニケーションが苦手な人は、ふだんから意識的に人と関わる機会を増やすのもいいと思いますし、ゼミで実施するグループワークで経験を積むというのも効果的です。敬語をはじめとした言葉の使い方や、礼儀、礼節、マナーなどの型を身につけることも大切になります。わかりましたか？」

深谷さんの傾いた困り眉毛が、珍しく笑っている。自分を変える解決策の手がかりを見つけたようだ。

「そして、コミュニケーションには３つの柱があります。ここまでは**1つめの柱である発信の仕組み**の説明です。熊谷君、コミュニケーションとは、発信時の伝達のほかに重要な使命がありましたね？」

ショートしそうな頭をフル回転させながら「交流でしたっけ？」と、答える。

「そうです。交流とは、相手に伝達し、相手からのメッセージを受け取ることで成立します。つまり卓球のラリーのようなものです。伝えっぱなしのコミュニケーションは、相手がラリーをしようと打ち返しやすい球を打ってくれているのに、スマッシュで返すようなものです。相手はどんな気持ちになりますか？」

「そりゃ、うんざりしますよ」と、熊谷君。そう言った後に「しまった」という顔をしている。

「思い当たる節があったみたいですね。先ほどのA班の発表は、ズバリ言うと、熊谷君のスマッシュでした。班内でグループワークというコミュニケーションをして、1つの答えを導き出す場だったのにもかかわらず、意見を交流することができていなかったというわけです。熊谷君のことをあげつらってしまって申し訳ありませんが、こういうことはよく起こることなのです。誰しも気をつけなくてはならない点だと理解してくださいね」

珍しく、しおらしい表情の熊谷君。大丈夫。このゼミには、いつも進んで教室のムードを作ろうとしているきみを責める人なんて誰もいない。私が保証する。

「私が言いたいのは、受信する行為もコミュニケーションの一部なのだということです。つまり、**2つめの柱は受信になります。**ラリーである以上、あなたはまた打ち返さなければなりません。そのときにおこなうのが、相手が話した情報を処理して自分の意見に組み込むこと。そう、**3つめの柱はこの処理力**のことを言うのです」

一気にここまで話したせいで、学生たちの脳の回路は完全にショートしてしまっているようだ。

「では、ここまでの話を深谷さんに整理してもらいましょうか」

先ほどまで、ニッコリとしていた眉毛がまた傾斜する。彼女はノートに書き取った内容を見返しながら、不安げに説明を始めた。

「まず、コミュニケーションをするためには2つの道具を使う必要があります。1つめは言語。2つめは非言語。ここまではいいですよね？」

ふむ。

「この道具を使って、『感情』『思考』『意思』をメッセージに乗せて伝達・交流することがコミュニケーションである。これも大丈夫ですか？」

ふむふむ。

「コミュニケーションは3つの柱でできている。1つめは伝えるという『発信力』。2つめは相手の意見を受け取る『受信力』。3つめは、受信した内容を解釈して自分の意見に組み込むための『処理力』。……ということでよかったでしょうか？」

バッチリである。

「よくまとまっていました。みなさん、拍手！」

教室内が拍手に包まれる。だが、ピンとこない顔の学生も少なくない。

「言語、非言語のところまではよくわかったんですけど、その後にいろいろ出てきすぎてよくわからなくなってしまいました……つまり、どういうことっすか？」

素直な熊谷君が、全員のスッキリしない気持ちを代弁してくれた。

「たとえば、実際の就職試験の面接を想定して考えてみましょう。面接官が言います。『あなたは、大学時代に居酒屋のアルバイトに力を入れていたようですね。印象に残っていることを教えてください』と。その質問を、あなたは**受信**します。そして考える。面接官はなにを聞こうとしているのか。『**就職試験なわけだから、**思い出を聞きたいわけではないな。**バイトをして身についたこと。学んだことを聞いているんだな**』と解釈して、話す内容を組み立てる。これが**処理**です。そしてあなたは自信に満ちた表情で堂々と『居酒屋のアルバイトを通して学んだことが３つあります。１つめは……』と伝わりやすいように話をする。これが**発信**です。

　この受信→処理→発信→受信→処理→発信→……という一連の流れをスムーズに運用する能力が高い人が、コミュニケーション能力が高い人と言われるわけです」

　まずは、この仕組みをしっかりと理解しようとしてくれるだけで十分だ。これから、就職試験の練習をするなかで、このコミュニケーションの一連の流れを飽きるほど実践することになる。テクニックはそのときに、体得してくれたらいい。

「仕組みはよくわかりました。ですが、先生の話をまとめると、練習相手を立てて何回も

コミュニケーションの3つの柱

伝達・交流

受信力　**処理力**　**発信力**

（例）

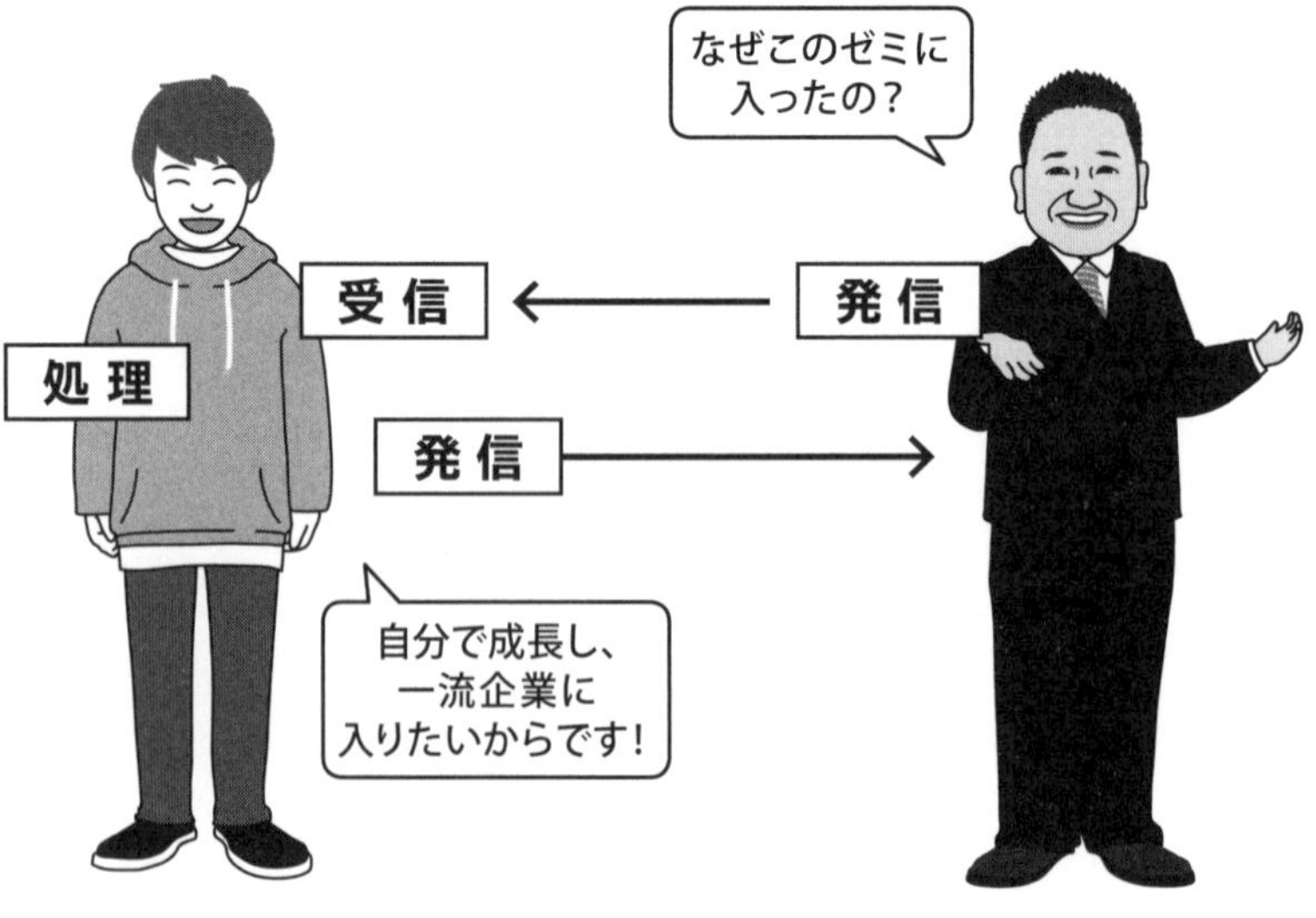

繰り返せば、コミュニケーションはできるようになるという根性論のようにも聞こえます。人見知りな私でも、本当にできるようになるのでしょうか？」

　深谷さんが、自信なさそうに問う。

「あなたは流暢に話すことばかりに気を取られていませんか？　もっと簡単なことから始めてみましょう。まず覚えていただきたいのが、コミュニケーションマナーです」

　彼女はじっと耳を傾けている。

「コミュニケーションマナーとは、日ごろの礼儀、行儀、作法のことです。法律などのルールとは違って、こうしなければならないと決められたり、制約されたりするものではありません。個人のコミュニケーションにおける、『心がけ』や『心構え』のことだと思っていただいて結構です。相手を尊重し、敬意をもって接する気持ちを表現することは、コミュニケーションにおいては基本中の基本になります。マナーの良し悪しは、その個人の『人格』や『品格』を印象づけてしまうほど重要になります。では、質問です。初対面の人を相手にしたときに一番最初に印象を左右するマナーがあります。なんでしょうか？」

　彼女はうつむいてしまった。代わりに熊谷君が答える。

「挨拶ですかね。バイト先でも、お客さんが来たらまず『いらっしゃいませ〜』って言いますから」

「正解です。初対面の人に対する『はじめまして』という挨拶は、相手があなたの印象を決めてしまうくらい重要な意味をもつ言葉です。『はじめまして』という言葉は、1人の人に対して一生で一度しか使うことができない貴重な言葉だからです。その大切さを理解して、意味を噛みしめ、心を込めて挨拶しましょう。挨拶の基本は、配布したプリントに書いてあります」

学生たちに配ったプリントに目を向ける。

①大きな声で元気よく
②ハキハキと
③笑顔で
④心を込めて

「この4つとなります。挨拶のコツは、『笑顔』で『自分から積極的におこなうこと』。前回会ったときのことを話題にして『このまえはどうもありがとうございました』と話すことができれば、いっそう円滑なコミュニケーションができることでしょう。では、みなさんはふだんどのくらい挨拶に気を配っているのか、自己採点をしてみましょう」

再び、プリントに注意を促す。

・挨拶は自分のほうから必ずしている
・挨拶のときは笑顔を忘れない（いつも心がけている）
・お辞儀をともなった、はっきりとした声で挨拶している
・相手をまっすぐに見て挨拶や話ができている
・その場に即した適切な「挨拶言葉」が使える
・挨拶から日常会話に発展させられる

それぞれの項目に対して5点満点で評価をしてもらう。記入を進めている学生のまわりを歩いて見ていると、深谷さんの落ち込みようは明らかだった。教壇に戻り、解説を進める。

「『挨拶なんて』とバカにしていた方もいたかもしれませんが、改めて自分の態度を見つめてみると案外できていないものです。これをパーフェクトにできるようにすれば、つかみは完璧です」

ここまではうまく理解できたようだ。先に進めよう。

「次に、挨拶の項目でも出てきた『お辞儀』についてです。きちんとお辞儀ができる人は相手に好印象を与えます。これも簡単なことに思われますが、綺麗なお辞儀をしている人は意外に少ないです。熊谷君、やってみてください」

立ち上がった彼はふざけて「チーッス」と言わんばかりにペコッと頭を下げる。

「ありがとうございます。このように『単に、頭を下げて礼をすればよい』というものではありません」

今度は狙い通りと言わんばかりにわざとらしい照れ笑いを浮かべる。

「日本の挨拶には、『形』が存在します。彼がいまやってくれたように顔だけ前に突き出したり、首だけを曲げたりするのはお辞儀ではありません。『お辞儀をしたつもりになっている』だけ。正しいお辞儀には3種類のものがあります」

プリントを見るように指示。そこにはお辞儀をする男性のイラストと説明が書き込まれている。

「まずは、**会釈**。目で軽く挨拶をする目礼《もくれい》も形は同じです。来客や上位者と会社ですれ違ったときや、訪問先または会議室への入退室の際におこないます。通常は黙って挨拶をする黙礼《もくれい》でおこないますが、『失礼いたします』とか、来客に対して『いらっしゃいませ』

と挨拶をするときにもおこなう場合があります。上体の角度は15度くらい。視線を自分自身の足元から１・５メートルくらい先に向けるのが目安です。それではみなさんでやってみましょうか」

その声で、学生たちがぞろぞろと立ち上がる。「ハイ」という合図で会釈。号令で一斉に動き出す様子はラジオ体操を指導しているようだな、などと考えてしまった。

「さて、次に**普通礼**について解説します。中礼、敬礼とも言われています。出勤時や退社時、自分の名前を言うときにおこないます。『おはようございます』とか『よろしくお願いします』とかね。上体を傾ける角度は45度程度。視線は、自分の足元から１メートルくらい先に向けるとよいでしょう」

「ハイ」という合図で普通礼。顔を上げた深谷さんはなにやら難しい顔をしており、眉毛の角度が45度に近いくらいである。

「３つめが、**最敬礼**です。上司やお客様に感謝の気持ちを伝えるときや、お願いするとき、お詫びをするときなどにおこなうものです。『ありがとうございます』『よろしくお願い致します』『申し訳ございません』などと言うときに使うことがありますね。商談が終了し、立ち上がってからの挨拶もこれです。上体を傾ける角度は、60~80度ぐらいで。視線を自分の足元から０・５メートルくらいのところに向けるようにしましょう」

例のごとく合図を出す。そして、最敬礼。これが一番、様になっている。

「着席してください。このように、『挨拶』の『お辞儀』には、形やチェックポイントがあります。コミュニケーションと言うとすぐに、会話のことばかりに気を取られてしまいがちですが、まずはコミュニケーションマナーという土台を作ることです。これならチェック項目も明確ですし、自分になにが足りないのかを簡単に判別することができます。コミュニケーションに苦手意識がある人は、できないことよりも、できるようになったことを数えるようにしてください。そうすれば、着実に自信はつきますし、先のステップに進むモチベーションになります。

では、善は急げです。いまから、教室にいる全員と挨拶をしてもらいます。直したほうがよいと思ったお辞儀の場合は、よかったことを褒めてあげた上で指摘してください。みなさん、この時間で完璧に挨拶とお辞儀をマスターしてしまいましょう！」

合図とともに、学生たちは立ち上がり、近くの人とペコペコお辞儀合戦を始めた。

6月の空は重々しい色をしている。まさに俺たちの心模様を映しているようだ。時刻は

17時。いつもなら部室に集まっている時刻だが、俺たち「ドロップアウト」の３人は駅に向かっていた。今日はライブハウスのオーナーに定期ライブ出演のために、デモテープとエントリーのための書類を提出しにいくのだ。ぶっちゃけ気分は乗らない。なにせ俺たちのオーナー受けは最悪なのだから……。

電車のなかでオーナーの話になる。拓馬がどこからか仕入れた情報を話し始めた。

「オーナーって高校時代は柔道部の主将やってたんだってさ。怪我が原因で辞めちゃったらしい。あのクマ、どうりでゴツいわけだよ」

見た目の年齢は40代半ば。伸ばしっぱなしのヒゲに、癖の強い長髪。毛むくじゃらという言葉がピッタリなオーナーの愛称は、その見た目から「クマ」と言われている。だがこのクマさん、ただ者ではない。彼が率いる「ＪＵＤＥ」は大学卒業後、メジャーデビューを果たしたのだ。あまり売れなかったために、いまでは地元でライブハウスを経営しているのだが。それにしても、「ＪＵＤＥ」「ジュード」「柔道」……。なんと安易なネーミングだろうか。友彰も「ＪＵＤＥ」には関心があるらしい。

「大学からバンドを始めて、メジャーデビューしたんだから、たいしたもんだよな」

「実家がジャズバー経営をしていたんだってさ。親父がドラムをやっていたから、自宅でもガンガン練習できたらしい。すげぇ人なのかもしれないけど、俺はめちゃくちゃ苦手だよ」

昨年、デモテープを提出に行ったのは、拓馬だった。

「お行儀よく、クマのいるスタッフルームに入ったら、『その挨拶はなんだ！』とか言って急に怒り出しやがってよ」

苦笑いをして、当時のことを思い返している。

「おまえ、なんかやらかしたろ？」と聞くと、

「いや、大人しくしてたよ。……約束の時間に10分遅刻したけれど」

どうりで、オーナーの当たりがきつかったわけだ。

「そこで、ネゴシエーション（交渉術）を学んでいる与野君の登場というわけですよ。巧《たく》みな会話術で、クマを言いくるめてやってください！」

調子のいい口調で拓馬は俺を見てニヤリとした。俺が学んでいるのは、ネゴシエーションではない、コミュニケーションだ。

「まだ俺、自己紹介と挨拶とお辞儀くらいしか習ってないから」というと、拓馬はあからさまにガッカリした表情を見せた。

そして、目的の駅に到着。ライブハウスはここから歩いて5分程度のところにある。

「最後の一服させてくれ〜」とタバコを取り出そうとする拓馬を引きずり、目的地へ向かう。小さな商店街の奥。ひときわ古い雑居ビルの地下にクマさんのライブハウスはある。約束の時間の20分前に着き、外で時間を潰《つぶ》していると、オーナーがやってきた。

「おう来たか。入れや」

ぶっきらぼうな言葉を投げかけて、自分はそそくさと下に降りてしまった。拓馬には相当なトラウマになっているらしく、小動物のように震え上がっている。「おい、行くぞ」と声をかけてオーナーに続いた。ロールプレイングゲームのごとく、先頭は俺、次に友彰、最後に拓馬という順で一列になって進んでいくと、フロアの扉の向かいに「ＳＴＡＦＦ ＯＮＬＹ」と書かれた扉があった。スタッフルームの前で「行くぞ」と２人に目で合図。そして、ノックした。

「どうぞ」という声がなかから聞こえた。なんだか、吉田先生の研究室を訪ねたときを思い出した。扉を開けて、まずは会釈。「上体の角度は15度くらい。視線を自分自身の足元から１・５メートルくらい先に向けるのが目安です」という先生の声がよみがえった。

「失礼します」と、自分がはっきりと声を出して、２人もそれに続く。

「んっ」と返事をして、並べられた椅子をあごで勧めるクマさん。「よろしくお願いします」と言い、着席をした。

「ご無沙汰しておりました。３年の与野と申します。今日は、お忙しいところお時間をいただき、ありがとうございます。私たち『ドロップアウト』は、今年も定期ライブに出演したく、デモテープの提出に参りました」

「ほう」と、少しオーナーは驚いている様子だ。

「今年の目標は、『脱オープニングアクト』を掲げており、春から心を入れ替えて取り組んで参りました。真剣にバンド活動をするなかで、メンバー同士の意見が食い違うこともありましたが、その度に話し合い、壁を乗り越えてきました。いまはどこのバンドにも負けないくらい充実した状態にあります。昨年とは違う、レベルアップした姿を今年はお見せしたいと思います」

　話を聞きながら、書類に目を通すオーナー。

「よし。不備はないようだな。受理する」

　以降は、機材の申請やリハ時間などの説明を受けて、時間はすぎていった。

「出演順は、週明けにもメールで送るようにするから確認するように」

　一連のやりとりを終えて、胸をなでおろしているときに、オーナーが言った。

「最後に、なにか聞きたいことはあるか？」

　この質問をされると、なにかを言わなければいけないと反応してしまう。

「なんで、俺たちのことを嫌っていたんですか？」

思わず、変なことを聞いてしまった。

「ああ、そういう話？　去年来たとき、コイツ、遅刻したのに謝りもしなかったんだよ」

やっぱりかと、拓馬のほうを見ると、本人はうなだれていた。

「まあ、コイツだけのせいにするのはかわいそうだな。おまえたち、ライブ当日の態度もかなり悪かったから。挨拶もせずに当たり前のように機材つなげてリハ始めたじゃん。これから社会人になるやつらがそんな態度でいいのかって呆れたね」

演奏以前に、第一印象が最悪だったというわけだ。

「昔、俺も東京でバンドをやっていた時期があったんだけどよ。先輩バンドに干されたことがあってな。全然、対バンイベントに呼んでもらえなくなっちまった。『俺たちがすげえから、客を取られるとでも思ってビビってんだよ』ってイキがってたな。だけど、実際は全然違ったんだ。その当時出入りしていたライブハウスのおっちゃんの話だと、『平気で入り時間に遅れてくるし、持ち時間を守らないから一緒にやりたくない』という評価だったらしい。『ルールを守るロックなんてカッコ悪い』と言ったら、怒鳴られてな。『ルールがあるから反骨精神があるんだろ！　当たり前のこともしないで、喚《わめ》いているのはガキのわがままだ』ってキレられた。高校時代に柔道で、『礼に始まり、礼に終わる』って教えられたはずなのに、俺は忘れちまっていたんだ。だから、おまえたちを見ていたら、昔の自分を見ているような気がして嫌になっちまったんだろうな。まあ、今のおまえたちなら大丈夫だ。頑張れよ」

バシッと肩を叩かれる。痛い。だが、以前よりも少し親しみを感じた瞬間だった。俺たちは立ち上がる。

「よろしくお願いします！」

そのひと言とともに、最敬礼。「上体を傾ける角度は、60〜80度ぐらいで。視線を自分の足元から０・５メートルくらいのところに向けるようにしましょう」。吉田先生の声が再び聞こえてくる。２人とも、俺にならい礼をして、スタッフルームを後にした。とりあえず、ミッションコンプリートである。

駅に向かう途中で、拓馬が俺の振る舞いを茶化した。

「いやいや、あんなビジネスマンみたいにできるとは思わなかった。年収１０００万って感じだったよ、マジで。あのゼミに入るとそんなことまで教えてくれんのかよ」

「まあね」と、俺は涼しい顔をして答える。だが、これは嘘だ。なぜなら、ゼミの後に俺はまたも研究室を訪れて、この打ち合わせについて吉田先生に相談したのだ。そうしたら、面接指導の一環と称して、鉄板の挨拶と自己ＰＲを教えてくれたのである。それから、１人でかなり練習をした。必死の思いで、先生に頼ったが、うまくいってよかった。

それにしても、「挨拶」と「お辞儀」だけでこれほど印象が変わってしまうとは驚きだ。空を見上げると、灰色の雲は夕日に照らされてオレンジ色に輝いていた。

グループワークで見られているところとは？

私のゼミでは、早い段階からグループワークにも力を入れています。コミュニケーションマナーや挨拶の仕方などについては3章のなかでも説明していますが、グループワークの練習は、これらやディスカッション、話す力を上達させることだけが目的ではありません。もちろん就職試験にもグループワークはあるので、その対策という意味もありますが、私は同時に「聴く力」も身につけてほしいと考えています。試験中も試験官は、「この人は自分の意見を言うだけではなく、ほかの人の話も聴き、理解しようとしているかな？」という部分もチェックしているのです。自分の意見を考えすぎるあまり、グループのほかのメンバーが発言している際にうわの空ではいけません。

また、聴く力を鍛えることで、コミュニケーションの3つの柱のうち、「受信力」「処理力」のアップにもつながります。そのため、グループワークの試験ではもちろん、企業説明会や面接の場でも使うことができますので、その場に合わせて応用してみてください。

相手の話を聴くときの5ポイント

1 話している相手の顔、目を見る

当たり前のことだと思うかもしれませんが、それは相手が友人や知り合いだからではありませんか？　初対面の人の話を聴くときには、意外とできていない人も多いのです。

2 話を聴きながら、適度にうなずく

こちらも簡単なことに思えるかもしれませんが、大事なことです。相手の話をきちんと理解しようとしているという意思表示にもなります。

3 感情を前面に出す（相手に同調する）

特に、相手と同意見の場合は効果的です。相手が話し終わった後、次に自分の意見を発言しやすくもなりますので、実践してみましょう。

4 適度に質問をする

③とは逆に、相手が自分の考えていることと反対の意見を話している場合、予想外の意見が出た場合などに効果的です。そこからディスカッションが盛り上がるきっかけにもなります。

5 聴きながら、大事なところはメモを取る

相手の話をきちんと聴いているという印象を与えることができるのと同時に、正確な情報収集ができます。後から振り返りたい時にもすぐに確認することができます。

4章

グループワークは最初の3秒が肝心

発言内容を考えるな、第一声を取れ

「みなさん、こんにちは！」

私が挨拶をすると、学生たちは笑顔で返事を返してくれた。前回の「挨拶」の講義の効果が表れているらしい。

「本日は、みなさんにグループワークに挑戦してもらいたいと思います」

熊谷君が「それ、講義でもう何回もやっていませんか？」と声をあげる。

「そうです。自信ありげですね。今日は、まず実際にやってみることから始めましょうか。テーマはこれです」

少し教室内に緊張感が走った。ホワイトボードに書く音だけが響く。だが、引き締まった空気が一変。テーマを見た学生は、拍子抜けと言わんばかりに小馬鹿にしたような声を出す。

「テーマが『ドラえもんの道具で1つ手に入るならなにを選ぶか?』ってどういうことですか?」

熊谷君が間抜けな声でそう言うと、教室は笑いに包まれた。

「社会問題とか言われたらどうしようかと思った」などと、学生たちは安堵している。

「子どもじゃないんだからとバカにした人もいるかもしれませんが、これが案外簡単ではありません。どのように難しいのかは、やってみてからのお楽しみです。それでは、5人ずつのグループにわかれてください」

前回の授業のときよりも学生はずいぶんと気楽な表情である。

「今から、20分で話し合ってもらいます。5人で意見を出し合って、最終的にどの道具を選んだか、その理由を代表者に述べていただきます。それではスタートしてください」

一斉に学生たちが話し始める。そのグループワークの成り行きを観察することにした。

まずは、A班。お馴染みのムードメーカー熊谷君が仕切っている。

「俺は、『どこでもドア』があったら便利だと思う。満員電車に乗る必要がないし、終電なくなっても帰れるじゃん!」

「私は『タケコプター』じゃないかなと思うけど。空も飛べるし、気持ちよさそうじゃん」と同じA班の本庄《ほんじょう》さん。それに対して、

「そんなんつけたら、スカート履けなくなるぞ！　絶対『どこでもドア』だね」と、応戦をしている。「じゃあ『スモールライト』は？」などと、本庄さんも負けていない。ほかの学生たちは2人のやりとりをただ眺めている。

ではB班、リーダーは富士見《ふじみ》君。

「僕は、『タイムマシン』かな。過去に戻って競馬の万馬券を買う。そして、最新のパソコンを手に入れるのだ！」

まるで、マッドサイエンティストのように笑っている。同じ班の深谷さんは、困ったように眉を傾けて「ほかに意見はありませんか？」と言っている。次に、C班。与野君がリーダーを務めている。今回は、押しつけられたのではなく立候補したようである。

「俺は、テストのときに『アンキパン』があったらいいのにと思ったことがあります。知っていますか？　覚えたいことを書き込んだ『アンキパン』を食べると書かれたことが記憶できるんです。小学校のときに、友達と話してたらこれが一番人気だったんです。それから……」

話がまとまっていない。以降、5人ともバラバラな答えが揃った。「さて、どうしたものか」と困惑する与野君を見かねて、三郷《みさと》さんが「どれか1つに絞らなきゃいけないんでしょ」と発破をかけている。そうしているうちに、気がつけば時間は18分になろうとしていた。最終的に三郷さんの「もう、リーダーの意見でいいよね」という強引な締めでC班のグループワークは終了した。

それでは、お待ちかねの代表者発表の時間だ。A班から発表を始める。

「うちの班は『どこでもドア』で決まりました。満員電車に乗る必要がないし、終電がなくなっても帰れるので便利です。以上！」

タケコプター派の本庄さんは、釈然としない表情をしている。続いてB班。

「B班は、『タイムマシン』に決まりました。未来も過去も行き来できる自由さがあって、ほかの道具ではできないことだということになりました。というよりも、『タイムマシン』以外の答えが出ませんでした」

富士見君は、ばつが悪そうに会釈をして発表を終えた。そして、C班。

「俺たちは、5人5種類の道具が挙がりました。最終的には、『アンキパン』があったら、テストでも失敗しないということで、この意見にまとまりましたが、ちょっと強引だったかもしれません」

三郷さんが、与野君を「アンタがまとめなかったからでしょ」という顔をして、睨《にら》んでいる。

「みなさん、お疲れさまでした。合格者は、０人です！」

「でしょうね」という表情でうなだれる代表者たち。

「このグループワークについて、試験官である私はどのようなところを見ていたと思いますか？」

三郷さんは「リーダーが班の意見をまとめることができていたかだと思います」と、皮肉たっぷりだ。

「では、リーダーが活躍しないと、そのグループは全滅してしまうことになりますね」

「そうじゃないんですか？」と、三郷さんは驚いた表情をしている。

「グループワークの狙いとは、どんなところにあると思いますか？」

その問いに答えたのは熊谷君だった。

「誰が、議論を引っ張って話を進めたかということだと思っていました」

それが、グループワークの落とし穴である。

「では、活躍しなかったリーダー以外は、グループワークの試験を通過することができませんね？」と、意地悪なことを言って、もう一度考えてもらう。

深谷さんが、「私たちにもなにか役割があったということですか？」と答えを導き出す。

「その通りです。みなさんは発表の際に、ほかの班よりも立派な結論を発表しようということに集中していたようですね。悩みに悩んで『どこでもドア』『タイムマシン』『アンキパン』という答えを出したようですが、正直、答えなんてどれでもよかったんです」

熊谷君が「そりゃねーだろ」という風にズッコケる。

「いいですか。**見られていたのは、『どのような議論の過程を経て、結論を導き出したか』ということなのです**」

与野君は、「議論の過程でも、きちんとコミュニケーションができていたかということが言いたいのですね」と、得心した様子だ。

「正解です。なぜ、就職試験においてグループワークの能力が問われるのかということを、まずはお教えしましょう。それは、会社が組織のあり方を見直したことに関係しています。

ひと昔前の日本の企業はすべて縦割社会だったんです。営業部は営業部、広報は広報、商品開発は商品開発の部内だけで、仕事をしていればよかった。ですが、いまは横のつながりを重要視する『フラット型』に会社のあり方が変化してきました。１つのプロジェクトにおいて、営業部と広報部と商品開発部が協力して仕事をするというようになったというわけですね。他部署と関わると広い視野をもてるというメリットがあります。では、部署の垣根を越えて仕事することの難しさとはなにか。そう、コミュニケーションです。同じ部内であれば、コンテクストがある。つまり、チームの能力も課題もある程度共有できているわけです。しかし、他部署の人間の場合、ふだん顔を合わせない人間が集まってくるわけですから、『ツーカーの仲』ではない。**グループワークの狙いとは、ビジネスマンになったときに『フラット型』のミーティングで、うまくコミュニケーションを取ることができるかを見極めることにあります**」

「じゃあ、どうやったらほかのやつらに勝てるんですか」と声を荒らげる熊谷君。

「そもそも、勝つ必要がないのです。就職試験のグループワークでは、他校の学生とも一緒にチームを組むことになりますが、彼らは敵ではない。仲間なのです」

「就職活動で他校の優秀な学生に勝つ方法を教えてくれるゼミなんじゃなかったんですか？　やっぱり、俺たちのレベルでは正々堂々と戦えないと思っているんじゃ……」

　その発言に対して、きっぱり否定する。

「落ち着いてください。グループワークとは、フラット型ミーティングのシミュレーションだと言いました。ミーティングに勝つとか負けるとかがあると思いますか？　ミーティングは、チームの仲間の考えを共有していい方向に話を進めていく場です。他校の学生も、グループワークにおいては仲間になるということです。この落とし穴にはまってしまうと、あなた自身が足手まといになってしまいます」

　熊谷君は「つまり、一時休戦ってわけですか」と、抜いた刀を鞘《さや》に納める。本庄さんが、おずおずと手を挙げた。

「リーダーになれなかった私には、なにができたのでしょうか？」

そこが重要である。グループワークは、初対面同士が集まって1つの作品を共同制作することにほかならない。いくら船頭が一生懸命漕いでも、ほかの船員がサボっていては前に進まないのだ。

「グループワークにおける役割は大きく3つあります。まず、『リーダー』。次に『サブリーダー』。そして『タイムキーパー』です。リーダーは、議論の進行をするまとめ役。サブリーダーは、リーダーのサポートをする役割。会議を仕切る司会者を務めるリーダーは、どうしても全体のことばかり気になって、個々人まで気を配れないことがあります。そこで、サブリーダーは、『○○さん、意見があったらおっしゃってくださいね』と、全員に機会が与えられるように配慮するなど、リーダーの手伝いをするのです。そして、タイムキーパー。名前の通りグループワークの時間管理をする役割です。『10分経過しました。前提条件のお話はここまでにして、そろそろ本題に入りませんか？』と、促すなどします。この3つのいずれかを担当するようにしましょう」

チーム内で意見を発表するときに気をつけることについても説明する。

「まず、話し方のポイントですが、**発言は1分以内でまとめる**こと。それ以上話すと、なにを話しているのかわからなくなってしまいます。そして、相手を否定せずに意見を述べることを覚えておいてください。何度も言いますが、**グループワークの目的は相手を蹴落とすことではなく、チームで建設的な意見をまとめること**にあります。意見を1つにまとめる段階で、相手の意見に心を動かされたら素直に協調するようにしましょう」

「でも、それって自分の意見を曲げることじゃないですか？」と富士見君。

「意見を寄せることは妥協ではありません。自分の意見に固執していると柔軟性がない人間と捉えられかねません。**相手の意見がいいと思ったとき、議論の方向が固まったときは素直に他人の意見を尊重しましょう。**試験官に協調性が認められると、それだけでプラス査定になります」

与野君から、リーダーの発表の方法についても質問があがった。

「今回のテーマをおさらいすると、『ドラえもんの道具で1つ手に入るならなにを選ぶか？』でした。20分という時間内に5人で意見を出し合い、最終的にどの道具を選んだかを理由も含めて発表してもらいました。C班のように、5人いたら5種類の意見が出ます。それを1つに絞るためにまずは、その道具の**メリットとデメリットを話し合いましょう。**区切りのいいところで意見を絞っていきます。リーダーは発表の際に、話し合いの経緯も含めて発表します。こんな感じです。『私たちのチームは「どこでもドア」がほしいということになりました。話し合いのプロセスのなかで５つ出て、そこから消去法で２つに絞りました。「スモールライト」と「どこでもドア」の一騎打ちになりましたが、結果的に「スモールライト」派の人が「どこでもドア」の素晴らしさをすごく理解してくれて、最後は全員一致になって、この議論を終えました』。そして挨拶で締めます。『全員から意見が出たので、20分があっという間で充実した時間がすごせました。ありがとうございました』。ここまで話せると拍手がもらえます」

学生たちの表情からは「本当に自分がそこまでできるようになるのか……？」という不安がにじみ出ているように見える。彼らを勇気づけるようにグループワークの進め方と発表の仕方をまとめたプリントを配った。プリントには、①自己紹介、②役割の決定、③時間配分の確認、④前提条件の確認と共有、⑤テーマに関するアイデアを出す、⑥アイデアをまとめるという６つのステップが書いてある。

「自己紹介と同様に練習すれば必ずできるようになります。プリントを手元に置きながらで構いません。もう一題挑戦してみましょうか。次のテーマは『無人島に１つ道具をもち込むならなにを選ぶか？』です。時間は同じく20分。代表者はチームでまとめた意見を最後に発表してください」

学生たちは再び3班にわかれた。「それではスタートしてください」という合図とともに一斉に議論はスタート。A班は再び熊谷君がリーダーを務めるようだ。

「『無人島にもっていく道具を1つ選ぶ』ということですが、みんなはどう考えますか？前提条件は、『日本本土から船で1時間で行ける島』『そこで暮らす期間は1週間』ということにしましょう。理由をつけて時計まわりに発表してもらいたいと思います」

自分が話しすぎないようにということを強く意識しているらしい。A班では、メンバー全員で前提条件を確認した後に、マッチ、ナイフ、缶詰、ロープという意見が出た。熊谷君は水が必要ではないかと意見を述べている。

「食料はなんとかなると思うけれど、飲み水を手に入れるのは難しいとテレビで言っていたので、水が必要だと思います」

本庄さんが、すかさず「缶詰という意見もありましたが、熊谷君の話を聞いてどう思いましたか？」と水を向ける。

缶詰派の学生は水という考えに同意したようだ。ここで、10分が経過。「10分が経過したので、そろそろ意見を絞ったほうがいいと思います」と発言するタイムキーパー役の声がかかった。

「水も大事だけど、火がないと寒さもしのげないし、夜に動物に襲われるかもしれない。

だからマッチが必要なんじゃないですか？」と本庄さんが意見する。どうやら、水かマッチのいずれかという方向性で決まりそうだ。２つのメリットとデメリットを並べて検討が続くなか、残り5分のところで熊谷君が切り出した。

「無人島でも、湧き水はあるかもしれないし、海水を蒸発させれば飲み水を作ることもできるかもしれないね。じゃあ、マッチという案でうちの班は進めていいですか？」

「異議なし」と全員の意見が一致する。以降、残り時間で意見をまとめる作業を続けた。

そして、タイムアップ。ほかのグループも充実した議論ができたようである。代表者の発表が始まった。

「A班は、マッチが必要なのではないかという意見でまとまりました。話し合いのなかで、マッチ、ナイフ、缶詰、ロープ、水という5つの意見が出て、マッチか水かという2択に絞られました。マッチがあれば、海水を蒸発させて飲み水を作ることもできるのではないかということになり、最終的に水派の人たちもマッチ派の意見に同意しました。充実した話し合いができたと思います。ありがとうございました」

型通りに発表することで、先ほどとは発表が一変した。続くB班、C班も格段によくなっている。学生たちの間にも「うまくできた」という実感があるらしい。

「みなさん、先ほどのグループワークとは打って変わって見違えるようでしたね。型さえ身につければ案外グループワークも難しくないということがわかったのではないのでしょうか。プリントを見なくてもパーフェクトにこの流れを再現できるように練習していきましょう。注意事項ですが、毎回同じ役割ばかりしないように気をつけてください。**リーダーをしていた人は、サブリーダーやタイムキーパーの経験も積むようにしてください**」

「俺はリーダーが一番合っているような気がするんですけど」と、熊谷君。

「本番の試験で、必ずきみがリーダー役になれると決まっているわけではありません。どの役割を担うことになっても対応できるような準備が必要なのです」

ここまでは、グループワークの基本的なテクニック。学生たちは順調に理解を深めている。もう少し実践的な話をしてもよいだろう。

「必勝法をお教えしましょう。**企業担当者が見ているポイントがいくつかあります。その1つが『最初に誰が場を作ったか？』ということです。**今回はこのゼミ内という言わば知り合い同士でグループワークをしたわけですが、実際は全員学校が違う初対面のメンバーとワークをしないといけないわけです。そうすると、東大生がいたり、早稲田や慶應の学生と一緒になることも当然起こり得えます。すると、優秀なメンバーに気後れして『お地蔵様』になってしまうメンバーもいるのです」

「お地蔵様？」と、与野君。

「会話に入れず、黙ってしまう人のことを言います。**対処法は１つ。『第一声を取ること』です**」

「でも、なにを話したらいいんですか？」と疑問の声が上がる。

「**誰よりも先に、『とりあえず、自己紹介から始めましょうか』と言えばいいんです。**企業の担当者は、誰がまず最初に口火を切ったかを見ています。ですから『とりあえず、自己紹介から始めましょうか』と言った後に『私から自己紹介してもいいですか？』と宣言すればよいのです。必ず印象に残ります。そして、『この人には勝てない』という優秀な学生が同じチームにいたら、素直にリーダーは譲り、サブリーダーとして存在感を発揮していきましょう。万一、サブリーダーの立ち位置を取られてしまったら、タイムキーパーの役をするのでも構いません。**グループワークで次の試験に進出できるのは６人中２、３人くらいです。全体の40％に入るためには自分がその議論に積極的に参加したという価値を見出してもらわないといけません**」

「そういうことなら、やっぱりリーダーが一番目立てるし、おいしいんじゃないですか？」と、熊谷君が再度リーダー最強説を語る。

「リーダーがおいしい役回りに思われますが、やり方次第ではサブリーダーの方が存在感を発揮することができます。慣れていない人がいきなりリーダーをやると、ドラえもんのグループワークをしたときのように、やる気ばかりが先走って、空回りしてしまうことが多々あります。メンバーたちが意見を言いやすい環境を作るのがリーダーの役割なのに、自分がしゃべりすぎてしまうのです。そういうグループワークは必ず転覆してしまいます。適切な手を打たないともれなくメンバー6人は不合格になってしまいます。そこで、サブリーダーの真価が発揮されます。『彼がまだ意見を言っていないので、指してあげたほうがいいですよ』などと助言してあげると、試験官は『彼は全体が見えているな』と判断してくれるわけです。逆に、うまいリーダーが場を仕切ってくれる場合は、積極的に手を挙げて発言すればいいのです」

グループワークの全体像を提示したことで、学生たちにも完成形がイメージできたようだ。これからも毎回グループワークをおこなう。必ず、優秀な学生たちと対等に戦える武器を手にすることができるはずだ。

本番まで、残り2週間。俺たち「ドロップアウト」のバンド練習は佳境に入っている。このごろは、授業が終わると毎日練習室を借りて集まっていた。バイト命の友彰も、練習

嫌いの拓馬もいつにも増して気合いが入っている。それもそのはず、デモテープを提出した翌週に、「ドロップアウトは出演順が６番目になりました」という内容のメールが届いたのだから。「脱オープニングアクト」という当初の目標を早々にクリアした俺たちは、いま新たな挑戦を始めた。

話はデモテープを提出したあの日に戻る。「あのころの自分を見ているみたいだ」というオーナーの話を曲解した拓馬が「『ＪＵＤＥ』の曲をコピーしようぜ」と言い出したのだ。友彰も面白そうだということで賛成した。そこで、『ＪＵＤＥ』のデビュー曲をセットリストに加えようということになった。このサークルを代表する有名アーティストの楽譜は部室倉庫に眠っていた。

練習を始めてみると、意外にシンプルなコード進行で、リズムも複雑ではない。練習を始めて、１週間で合わせられるまでになった。それで、録音して全員で聞いてみるのだが、なんだか雰囲気が出ない。パワーが足りないという感じだ。コピーをしているだけで、自分の物にしていない感が演奏から伝わってきてしまう。それでは、この曲を選んだ意味がないのではないかと思った。いま、すべきことはドロップアウトの３人で、「なぜこの曲を演奏するのか」「どのように演奏するのか」と話し合うことだと思った。

「この曲をどうやって仕上げるかを話し合いたいんだけど」

なんとなく2人にもその考えはあったらしい。

「曲はそんなに難しくないと思ったんだけどな。テープで聴いたみたいになんねぇ」

友彰は珍しく弱音を吐いた。ちなみに、テープというのは楽譜と一緒に残されていた当時の音源のことだ。

「なんか楽譜をなぞっているだけって感じになるんだよな」と、拓馬。

「そもそも、なんでこの曲をやろうと思ったのかもう一度考えてみないか？」

その提案に、2人もうなずいた。拓馬があの日のことを思い出しながら言う。

「あのときの自分に似ているなんて言われたら、やってくれって言っているようなもんだろ」

友彰が話を引き取る。

「実は、入部したときから俺、この曲をコピーしたいと思っていたんだ。楽譜がここにあったことも知っていたし、おまえたちが言い出す前から楽譜はコピーしてもっていたんだよ」

「おっ、熱烈なファンじゃん」と、茶化す拓馬。

「うちの大学出身のプロだし、興味くらいもつだろ」

「で、友彰はどんなところがいいと思ったの？」

俺の質問に友彰はまじめに答えた。

「パンクでパワフル。若さ爆発って感じのところが響いた。技術よりもハートを大事にしている演奏だと思った。光はどう？」

真剣な目をした友彰に見つめられた。

「俺は、単純に青臭くて、俺たちにぴったりな曲だと思った。こんなこと言うと友彰に怒られるかもしれないけれど俺は、楽譜通り弾く必要はないと思っている」

この提案に食いついたのは、拓馬だった。

「面白いじゃん。完コピじゃなくて、川口友彰なりに歌ってみろよ」

少し考え込んだ友彰は、おもむろにいま録ったばかりの俺たちの録音音源を流し始めた。

Ａメロまでを流して止める。

「実際のテープは、Ａメロからパワフルに歌っているんだけど、メロディラインを引き立てるようにもう少し抑えて演奏したいんだけど」

珍しく、お願いするような調子である。

「音量を落としてほしいってことでいいのか？」

俺は、確認するように友彰に聞く。その後もアイデアはどんどん溢れてきて、俺たちのアレンジは決まった。

「こんなイジっちゃってよかったかな？」

ひと通り、話し合いがまとまったときに、友彰が少し不安な様子でつぶやいた。

「気にすんな。『これが俺たちの演奏なんだ』って突っ張ろうぜ！　なにか文句つけられたら、俺が言い返してやらあ」

拓馬が背中を押した。そして、「ともあれ、これは居残りですな～」と、照れ隠しをしながらドラムの前に歩き始める。

俺は、場違いにも先日講義を受けたグループワークのことを思い出していた。プロジェクトを一緒に進めているメンバーのなかに敵はいない。**仲間をリスペクトすることが、グループのモチベーションを高める**のだ。残り２週間。必ず、俺たちの演奏を完成させてやろう。

７月に入り、まもなく梅雨が明ける。前回、本格的にグループワークを始めたわけだが、夏休み中に取り組んでもらいたいことを今日は学生たちに伝えようと思う。講義が始まり、さっそくホワイトボードに書き込んだ。「ＳＰＩ」と。

「ジェームズ・ボンドですか？」

熊谷君がとぼけたことを言っている。

「それは、スパイ。私が言っているのはＳＰＩです。『Synthetic Personality Inventory』の頭文字をとったもので、企業の採用試験などに用いられる総合適性検査の１つです。筆記、またはパソコンでの回答から知的能力や性格などを評価する試験になります」

あからさまに嫌な顔をする学生たち。コミュニケーション能力が高まってきたとはいえ、勉強は苦手なままなのだ。

「そう嫌な顔をしないでください。まずは、概要を説明しましょう。ＳＰＩはリクルートが開発した適性検査で現在、１万社を超える企業が導入しています。問題は『言語能力』『非言語能力』『性格』の３つのテスト内容にわかれています」

「『言語能力』とか『非言語能力』とか、明らかに難しそうじゃないですか」と、早々に諦めムードが漂っている。

「難しく考えてはいけません。『言語能力』というのは、日本語能力をたしかめる試験です。『非言語能力』というのは、計算や図形認識などの数学的な能力を測るものです。とは言え、数学の問題を解きなさいという問題は出ません。小学生の算数がわかれば、解ける問題なのです。さらに朗報は、ＳＰＩというのは記述式ではなく選択式の試験なのです」

　モチベーションを高めるために、傾向と対策の話をすることにした。

「全体のウェイトを説明すると、算数が6割。残りの国語、社会、地理、一般常識を合わせたものが4割だと思ってください。算数の割合が大きいと言えるでしょう」

「余計に無理じゃん」と、熊谷君。

「でも、これは大学受験のように、上位何人が通過できるというものではありません。**みなさんは不合格ラインをクリアできればよいのです。そのラインはズバリ50点。とは言え、50点を目指すと『結果は40点でした』となりかねませんので、60点を目指しましょう**」

　何事も習うよりも慣れろ、である。ＳＰＩの模擬試験用紙を学生たちに配布した。

「まずは、何事も挑戦してみるべきですね。配布した問題を解いてみてください。制限時間は30分です」

　以下は、学生たちに出題した一般常識問題の一部である。

Q：これまで優勢であったものを出し抜き驚かせることを「鼻」を用いた慣用句でなんというか？
①鼻を高くする　②鼻を打つ　③鼻を明かす　④鼻より団子　⑤鼻を鳴らす

正解は③鼻を明かす。

Q：下に挙げられたのは世界各国の首都名です。各首都に対応する国名を選択肢のなかから選んでください。

・アムステルダム

①ウクライナ　②オランダ　③デンマーク　④スペイン

正解は②オランダ。

・ハバナ

①アルゼンチン　②カメルーン　③キューバ　④ジャマイカ

正解は③キューバ。

Q：ある数字に7を足して6をかけたものと、ある数字に11をかけて3を引いたものは等しくなります。ある数字を求めよ。

正解は９。

Q：あなたは工事用のワイヤーを切断する仕事をしています。30メートルのワイヤーを１・５メートルずつ切断し、一度の切断にかかる時間は７分です。また、一度切断する度に３分間の機械の冷却時間を設けなくてはなりません。30メートルのワイヤーを切断し終えるのに何分かかるでしょうか？

正解は１８７分。

Q：次の株式市場のうち、その開設場所が日本ではないものを１つ選びなさい。

①セントレックス　②ナスダック　③ヘラクレス　④アンビシャス

正解は②ナスダック。

Q：北海道にある世界遺産を答えなさい。

正解は知床。

などなど、計40問を出題した。早々にリタイアして机に突っ伏す者、唸《うな》りながらも最後まで粘り続ける者。それぞれが思い思いの30分をすごしていた。

「では、答え合わせをしましょうか」と解答を配布する。「最初の問題って『鼻より（……）団子』しか聞いたことないし」。与野君がブツブツと言っている。

「それを言うなら『花より団子』ですよ。風流より実利のほうを取ることの意味ですね」

ため息が聞こえてくる。学生たちに声をかける。

「日本の初代総理大臣は答えられましたか？」

小泉純一郎や安倍晋三と答えるならまだマシである。

「聖徳太子！」

「徳川家康！」

と、歴史上の人物のオールスターゲームが繰り広げられる。

「正解は伊藤博文です。大日本帝国憲法の制定を指導した人物ですね。覚えておきましょう」

　ここまでくるともう大喜利である。

「では、北海道の世界遺産はどこでしょうか？」

　与野君が自信ありげに答える。

「あの星形の公園ですよね！」

　それは函館《はこだて》の五稜郭《ごりょうかく》公園だ。戊辰《ぼしん》戦争の最後の戦場であり、星形の城郭《じょうかく》は国の特別史跡に指定されている。五稜郭タワーから眺める景色は絶景である……そうではない！

「わかった。花畑牧場でしょ！」

　熊谷君が自信満々に答える。思わず膝《ひざ》から崩れそうになった。それは、北海道河西《かさい》郡中《なか》札内村《さつないむら》にあるタレントが経営している牧場で、生キャラメルやチーズが有名だ。ここから、どんどん方向性がおかしくなってくる。

「『少年よ、大志を抱け』の像のところには、旅行で行ったことがあるよ」

　富士見君が言う。北海道開拓の父ウィリアム・スミス・クラーク博士のことを言っているのだろう。指先をまっすぐに伸ばしている姿は印象的である。それでもない。

「いいですか。北海道の世界遺産は知床です。２００５年に北海道で唯一の世界遺産に登録されたことで、国内外を問わず大勢の観光客が訪れるようになりました。私も３回ほど行っています」

全員が「はあ〜」と、しっくりきていない顔をしている。

「みなさんが〝勉強が苦手〟だということは十分にわかりました。でも、落ち込む必要はないですよ。いまから準備すれば間に合います。落ち込むなんていうのは、私の杞憂《きゆう》かもしれませんが……」

熊谷君はポカンと口を開け「杞憂ってなんですか？」と答える。

「……取り越し苦労という意味です。こうした、ＳＰＩの準備は面倒なことだと思うかもしれませんが、**ボキャブラリーを増やしたり、一般常識を身につけるのにも役に立ちます**」

いよいよ就職試験に向けて実践的なことを学び始めた。コミュニケーションもＳＰＩも、ふだんから自分で練習しているかどうかがこの先はっきりと表れるようになる。学生たちの覚悟が試されるのはこれからだ。

グループワークでは自分の役割を見極めよう

グループワーク練習では、大それたテクニックというよりは、ちょっとしたコツを学生たちに教えています。まず1つめは、「第一声を発すること」。「最初に自己紹介をしましょうか」「じゃあ、まず……」などですね。試験官は、「まず誰が口火を切るのか」ということに注目しているので、その部分で加点されますし、そのまま進行する役になることもできます。2つめは、役割分担。グループワークをおこなう上での主な役割としては、リーダー、サブリーダー、タイムキーパーの3人が必要になります。リーダーが一番目立ちますし、評価されると思われるかもしれませんが、決してそんなことはありません。試験官はグループ内でのあなたの働きぶりに注目しているのです。3つめは、「発言は1分程度にまとめること」。1分以上話してしまうと話がまとまらず、だんだん何を言いたいのかわからなくなってしまいます。逆に1分以内だと、短すぎて意見の本質がわかりません。これは面接の際にも使えるテクニックです。

試験では6人のグループワークだったとして、合格できるのは2~3人ほど。ここできちんと次のステップに進むためにも、試験官の印象に残ることが大切なのです。

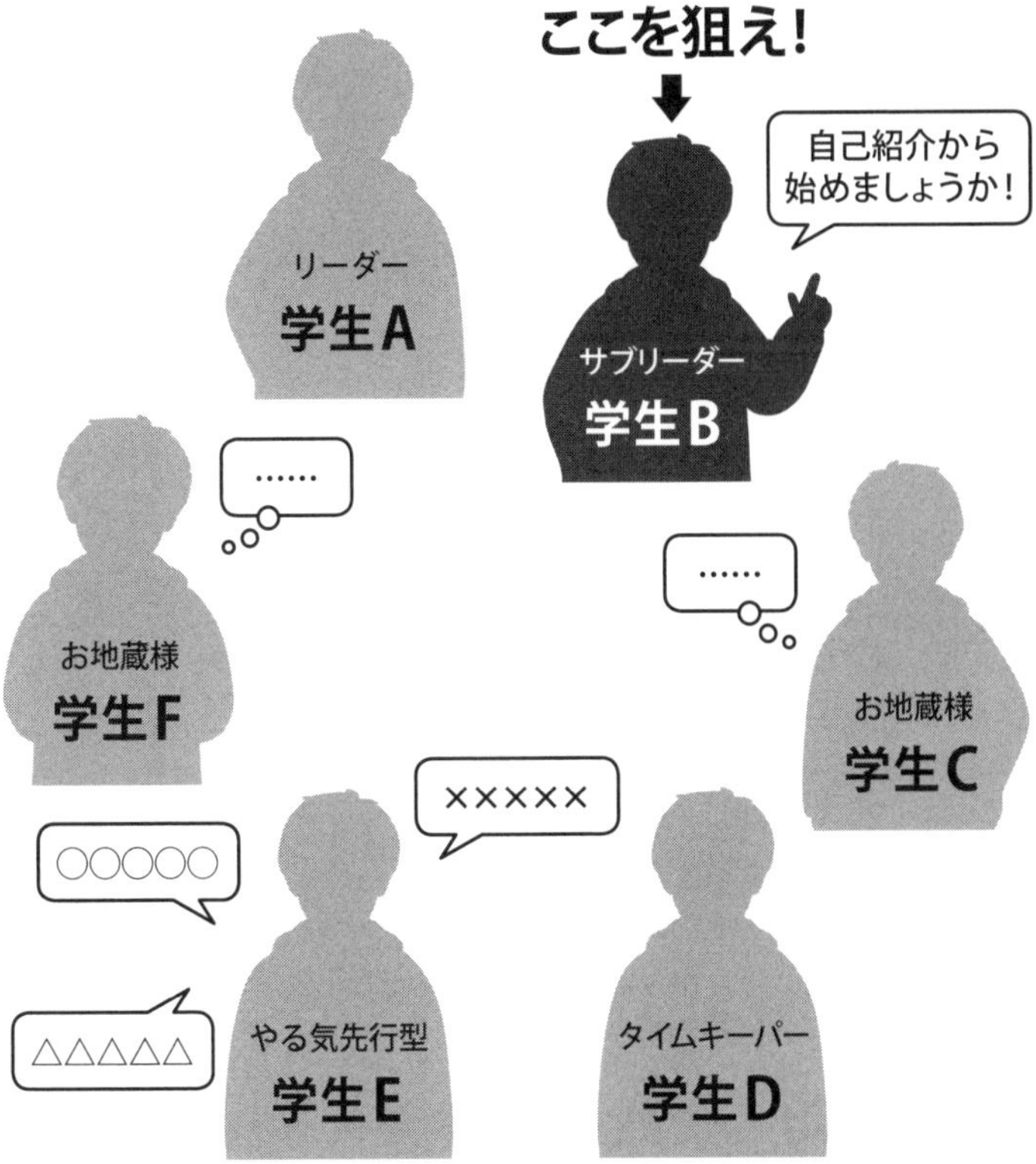

○	A	グループの議論を引っ張っている
○	B	グループ全体のコミュニケーションを促している
○	D	グループの全体の管理ができている
×	C	自分の意見が何もない
×	E	やる気だけが先走りすぎている
×	F	自分の意見をなかなか言い出せない

5章

志望企業は12社に絞り込め
ムダがなくなる「3×4」のルール

夏休みはもう目の前である。ゼミでは、学生たちの武器を作るべく自己分析をはじめとして、自己紹介、グループワークなど徹底的に教えたことを実践する場を作ってきた。もちろん、ＳＰＩも同じだ。宿題を出して授業のときに解説をするということを繰り返している。少しずつだが、教えたことが身についてきているようだった。

ひと通り本日のメニューをこなしたところで、これからのロードマップを提示する。

「みなさん、今日で前期の講義は終了いたします」

この言葉を聞いた学生たちは少し浮き足立っているようだった。

「熊谷君。すごく嬉しそうですね。夏休みの予定が決まっているんですか？」

もうニヤニヤが止まらない様子だ。

「夏といったらやっぱり海に行かなきゃいけないし、旅行にも行かなきゃ。金も貯めなきゃいけないから暇な日は作りませんよ。スケジュールの隙間を見つけてバイト、バイト、バイト！」

ダラダラすごすくらいなら、これくらいアクティブに予定を立ててくれたほうが好ましい。ほかの学生にもすごし方を聞く。アルバイトをするという声が圧倒的に多かった。

「**みなさんにとって、お金とはなんですか？**　熊谷君、なぜあなたはお金を稼ぐのですか？」

考えたこともなかったという顔をしている。それでも、彼なりに考えた答えが返ってきた。

「やっぱり、お金をもっていたほうがゴージャスじゃないですか。いい家にも住めるし、いい車にも乗れる。見下されることもない。結局、金がないとなんにもできないんじゃないかって思うんです」

非常に素直な意見だ。ほかの学生もその意見に概ね賛同している様子だ。

「世の中ではお金を稼ぐがために法に触れるような悪いことをしたり、金をもっていることで強気になってわがまま放題に振る舞ったりする人もいます。お金を稼ぐことが目的になってしまうとその本質を見失ってしまうことになりかねません」

深谷さんから「先生の言うお金の本質ってなんですか？」と、質問が上がる。

「お金というのはもっているだけでは、ただの紙に等しいものです。それだけをもっていてもお腹は膨れませんし、喉の渇きを潤すこともできません。究極を言えば、自分で食料を作り、飲み水を確保できさえすれば生きていくことはできるのです。それなのに、私たちはがむしゃらに働いてお金を得ようとします。だから、お金の本質を考えなければいけない。私は、**お金とは『人生を豊かにする便利な道具だ』と考えています**」

与野君から「道具というのは、どういうことですか？」と聞かれる。

「お金をもっていると、それだけできることが増えるということです。たとえば、新幹線に乗る。品川～名古屋間で乗ったとして、自由席は１万円ちょっとです。対して、グリーン車は１万５０００円くらいです。どちらを選びますか？」

学生たちに挙手をさせると、８割が自由席を選んだ。

「はい、ありがとう。圧倒的に自由席を選んだ方が多いですね。では、次の話を聞いたときにどう思うでしょうか？　自由席とグリーン席の違いですが、自由席の特徴は席が空いていればどこに座ってもよいのですが、席を確保するためには乗車の15分前から並ばなければいけません。３人で乗る場合には、３人並びの席で取れるかどうかは運任せです。シートの広さもグリーン席に比べたら狭いですね。グリーン席は、発車直前に乗車しても席がちゃんと確保されています。シートもゆったりしていて、おまけにスマホの充電もできるコンセントが席についています。さらに長時間の移動をしても疲れが溜まりにくい作りになっています。想像してみてください。あなたは50歳の忙しい会社経営者です。出張の途中で会社の人とメールで連絡を取ったり、出張先にもっていく資料を確認したりする作業もあります。それでもあなたは自由席を選ぶでしょうか？」

再び学生たちに挙手をさせると、今度は全員がグリーン車に手を挙げた。

「つまり、お金があることで時間と余裕を買うことができたというわけです。手元に５万円をもっているか、５０００万円をもっているかで、そのあたりが全然変わってきてしまいます。さらに広い視点で考えると、『経済＝お金』だと考えることもできます。経営者だとすれば、ビジネスを通じて取引先を増やすことができます。そこでできた知人から新たに人間関係を広げることもできます。そのなかで、かけがえのない一生の友を見つけることもあるでしょう。人生を豊かにする道具と言ったのは、そういうことです。

このなかには、銀行を志望する学生もいるかもしれません。その就職面接では当然聞かれることでしょう。『あなたが扱うお金とは、どういうものですか？』と。お金の本質について真剣に考えなければ『人生を豊かにする道具』とは答えられません。過去に銀行を志望した学生は『多くの方に幸せになってもらうため、そしてそれぞれの方の人生をサポートするために、銀行でお金をお預かりして、利息をつけてお戻しする。そこに生きがいをもって仕事できると思います』と答えました。彼はもちろん内定をもらいました」

　ここからが本題である。

「みなさんは、この夏アルバイトに時間を費やしてすごしたいと考えていますね。ですが、この夏にしっかり勉強をしたら、社会人になったときに、いまの数倍お給料を稼げるようになります。この前提を踏まえて、目先のお金か、将来への投資か、みなさんはどちらを選びますか？」

　挙手をさせると、全員が素直に後者に手を挙げた。

「いま、私が言っているのは、アルバイトをするなということではありません。アルバイトをしてもいいし、旅行にも行っていい。ですが、ここまでゼミで積み上げてきたことを無にしないようにしていただきたいということです。人というのは、いったん気を抜くと簡単に振り出しに戻ってしまいます。だから、このゼミでやろうと決めたこと、そして課題で出されたものはしっかりとこなしてください。夏休み明けからいよいよ本番に向けた戦いが始まります」

　その言葉に学生から声が上がった。

「就活は4年になってからでしょ？」

就職活動の全体像を把握していない学生にとっては当然の質問である。

「経団連が加盟企業に求める指針では、『３月に採用情報公開』『６月に選考開始』という目安が出されています。これはすべての企業に当てはまるものではありません。つまり、優秀な学生を採用したい企業はこのスケジュールよりも早く採用活動をおこなう場合もあります。みなさんには、３年の春休みから本戦が始まるという覚悟でいてほしいと思います」

「でも、年間を通して採用活動はされているんですよね？」と質問が。

「『一次募集』と『二次募集』という言葉を聞いたことがありますか？　企業は、何度かに分けて新卒募集をすることがあります。当然、『一次募集』で全員が内定を決めてくれたらいいのですが、そう簡単にはいかないから『二次募集』があるわけです」

「その企業が、人気がなかっただけじゃないんですか？」と１人の学生が言った。

「いいえ。一流企業でもそういうことは起こります。採用数１００人の企業に５千人が応募したとしても、『二次募集』は起こります。なぜかと言うと、そこに内定した学生がいたとしても、彼がほかに希望している企業に採用された場合、辞退してしまうことがあるからです。ほかにも、企業側が学生のレベルが求める人材レベルに見合っていなかったということで採らない場合もあります」

「じゃあ、二次でもチャンスがあるから、やっぱり余裕なんじゃないですか」と、安心した雰囲気が学生たちに広がる。

「いいえ。その考えが落とし穴です。『一次募集』での採用率は8割と考えておいてください。すると、一次試験では80人のなかに入ればよかったものが、『二次募集』では残り20人のなかに入らないといけなくなってしまいます。枠が狭くなった以上、激戦は必至です。さらに、『二次募集』になっても、競い合う学生のレベルが下がるとは考えないほうがいいでしょう。『一次募集』はスケジュール上、受験を見合わせた学生も、『二次募集』には応募してくる可能性がありますからね」

先ほどまで軽口をきいていた熊谷君もげっそりしている。

「しかも、自分が志望する企業が必ず『二次募集』をするとは限りません。だからこそ、スタートダッシュを決めて、早めに内定をゲットする必要があるのです。だから、このゼミではあえて内定の期間を定めたいと思います。**勝負は１年後の４年生の夏休みに入るまでです。つまり7月末ということです**」

期間を明確にしたことで、学生たちの間に緊張感が漂い始めた。

「これまでみなさんは社会の仕組みを学び、自己分析をし、コミュニケーションとはなにかを学んできました。『コミュニケーションマナー』『自己紹介』『グループワーク』『ＳＰ

I』などの就職試験対策として身につけなければならないことも勉強してきました。でも、この数カ月をかけて準備したことで、ようやく全体の3合めに到達したと思ってください。まだまだ道半ばなのです」

3合めと聞いて、与野君は天をあおいだ。そう、まだ先は長いのだ。

「**これからみなさんがやらないといけないことを大まかに説明すると、まず『エントリーする企業を決めること』。次に、『エントリーシートを含めた文章の書き方』。そして、『面接対策』です。**これに加えて、いままでに学んだことの精度も高めていかなければいけないので、暇は一切ありません。

いいですか。この夏休みに準備をするか、面倒くさがって逃げてしまうか。この2カ月がみなさんの人生に大きく影響します。じっくり休むのは4年生の夏休みにとっておけばいい。なんとしてもこの夏休み期間だけは踏ん張ってください」

熱を込めて学生たちに伝える。

「これから、みなさんには『いまからやらなければいけないこと』の1つ。『エントリーする企業の選び方』についてのお話をします。みなさんは、『この企業を受けよう』とか、『この業界に入ろう』という希望はありますか?」

15人のゼミ生のうち、何人かの表情が曇る。おずおずと、与野君が手を挙げる。

「自分に向いていることどころか、やりたいことを聞かれてもピンとこないんです」

正直な感想だった。そこに方向づけをおこなうのが、今回の授業の目標の1つだ。

「与野君は素直に答えてくれましたが、このなかに同じ思いをもった人もいるでしょう。そういう人たちに勧めるのは、改めて『自己分析』をおこなうことです。さらに言うなら、前回やったことよりももう少し自分を深く見つめ直してみましょう。自己分析の内容については、改めてプリントを配布しますので、それぞれでおこなうようにしてください。幼稚園・小学校・中学校・高校時代の記憶をたどりながら『自分史』を作るという方式です。

自己分析は1回やったらおしまいではありません。志望する企業が決まっている人も例外ではありませんよ。必ず何回もおこなうようにしてください。志望動機を書くにも、自身のことを面接で伝えるにも、おこなうのはあなた自身です。自分を知らなければ、自信をもって、熱意をもって相手に伝えることはできません。たとえ、圧迫面接でプレッシャーをかけられようと、意地悪な質問をされようと、揺るがない自分を作るためには、しっかりと自己分析をして、自分の存在を肯定できるようになることが重要なのです」

エントリーする企業の絞り方についてもレクチャーをする。

「志望する企業が決まっているという人でも、実際に受けてみるとハマってしまう落とし穴があります。**志望する業界、業種にエントリーしすぎてしまったがために迷子になってしまう現象です**」

富士見君は「子どもじゃあるまいし、迷子なんて」と笑っている。

「意外と簡単に迷子になってしまうものですよ。新卒採用サイトの最大手『リクナビ』の掲載社数をご存じですか？　約３万１０００社です。これだけの企業情報が溢れていると自分の指針を決めていない人は簡単に惑わされてしまいますね。そのなかから企業を選ぶわけですが、就活生の平均エントリー数はいくつぐらいだと思いますか？」

「行きたいところなんだから３社くらいなんじゃないんですか？」と熊谷君。まわりが、「さすがにそれは少ないだろ？」とツッコミを入れている。

「就活生の平均エントリー数は30社程度と言われています。多い人では50社以上エントリーする人もいるくらいです」

熊谷君は愕然《がくぜん》としている。「多すぎだろ？」「エントリーシート書いているだけで、１年終わるんじゃね？」という声も聞こえてきた。

「これだけ闇雲にエントリーすると、エントリーシートを出すことが作業になり始めますね。次から次へ迫ってくるスケジュールをこなすばかりなので、一向に内定に近づけませ

ん。だから、私はエントリー企業を12社に絞ることを提案しています」

先ほどまでは「そんなに多いの？」と言っていた学生が一転、「そんなに少なくていいのかよ？」と、真逆のことでざわついている。

「みなさんは『**3業種×それぞれ4社で12社**』だけ受けたらいいんです。こうやってあらかじめ絞ってしまえば、惑わされることはありません。選び方の心得は3つです。1つ、『**自分の興味がある業種を3つ選ぶべし**』。業種とは、採用企業の『事業の種類』を指した項目です。具体的には、『IT・通信』『メーカー』『金融業』などですね」

学生たちがメモを取り終わるのを見て、次に進める。

「1つ、『**4社はそれぞれレベル分けして受けるべし**』。企業にはそれぞれ入りやすさのレベルがあります。たとえば、『コンビニのマネージャーになりたい』と志望する学生がいるとします。コンビニといえば『小売業』に分類されますね。まずは志望している『コンビニ業界』。トップスリーは『セブン&アイ・ホールディングス』『ローソン』『ファミリーマート』です。彼はそこで、『セブン&アイ・ホールディングス』を選んだとします。次は、同業種内で視野を広げて、『デパート業界』から選ぶ。その次は『スーパーマーケット業界』から選ぶ。これを第4位まで続けるわけです。すると、同じ業種内でエントリー先を絞り込むことができるわけです」

学生たちはうなずいている。

「1つ、『**3業種はそれぞれが重なり合ったものを選ぶべし**』。この重なり合うというのは、自分のなかで重なり合うところがあればいいです。たとえば、女子学生が『好きなことはおしゃれをすることです』と答えたとします。これは好きなものや得意なことから、やりたいことを突き詰めていくという方法です。まず、おしゃれに関する好きなところを深掘りしていきます。『やりたいことは？』と聞かれてもピンとこない人でも、『化粧が好き』『洋服が好き』『友達におしゃれを提案することが好き』『おしゃれなものを集めるのが好き』など、好きなことについては次々に思い浮かぶはずです。そのなかでも、『化粧』『洋服』『おしゃれを提供すること』が特に好きだったとします。すると、志望する企業が絞れてきますね。『化粧』なら、化粧品メーカーを志望すればいいし、『洋服』ならアパレル。『おしゃれを提案すること』なら百貨店の販売員というように決めていけばいいのです」

好きなことから連想していく方法は、彼らには合っているようだ。少し表情が和らいできた。

「こうして、エントリーする企業を絞った上で、『業界研究』をします。研究と言うと難しく感じるかもしれませんが、『自分が志望する業界について知識を深めよう』というものです。その業界全体がどれくらいのマーケットの規模なのか。代表的な企業はどこか。

自分のエントリーする企業については、業界でどれくらいのシェアがあるのか。その企業の社長は誰なのか。理念はなにか。どんな歴史があるのか。資本金はいくらか。従業員の規模は何人かなどをホームページなどで調べて、しっかりと把握しましょう。これが30社となると無理ですが、12社であれば十分可能です」

「もしも、すべて落ちてしまったら？」と、深谷さん。まわりは「不吉なこと言うなよ」といった顔をしているが、当然起こりうる話である。

「その場合は、改めてエントリーする12社を決めたらいいのです」

「そしたら、30社エントリーするのと変わらないじゃないですか」と熊谷君がぼやく。

「全然違います。落ちてしまったとは言え、全力で取り組んだあなたは、闇雲に30社エントリーした人がもっていないデータを手にしています。それが、どの時点であなたは落ちたのかというデータです。一次面接なのか、二次なのか、それとも最終面接なのか。自分の実力がそこで客観的に測れるわけです。最終面接までたどり着いているのなら、同レベルの企業なら内定が取れる可能性が高いです。最終で採用されるかどうかは、企業と志望者の相性というのも関係してきますからね。つまり、自分のレベルに合った企業を受ければ内定を取れる確率が高まるわけです」

3業種×4社の選び方

興味のある業種を3つ選ぶ

(例)**ゲーム**が好き

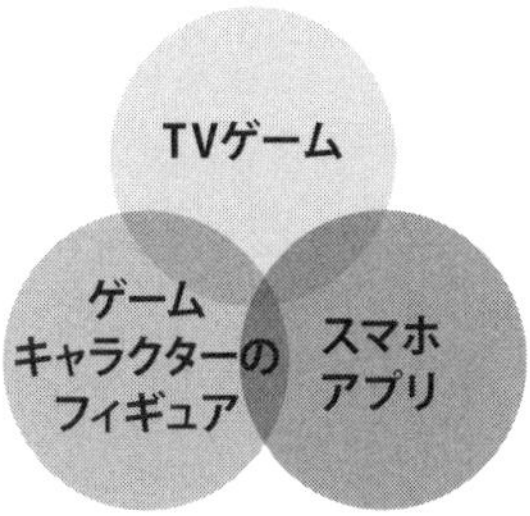

この人なら、ゲームメーカー、アプリ開発会社、おもちゃメーカー、おもちゃ販売店などを選ぶことができます。

(例)**おしゃれ**が好き

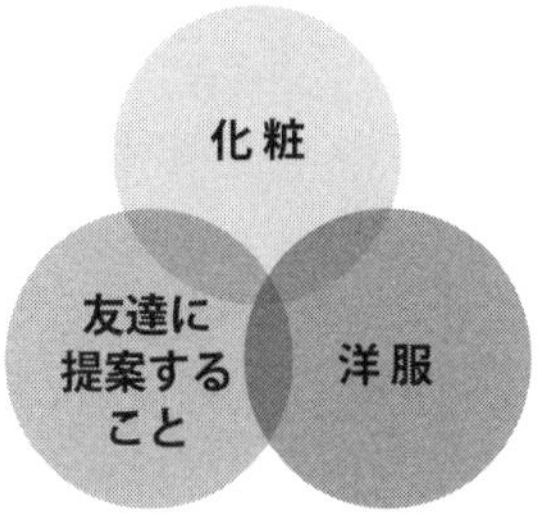

この人なら、化粧品メーカー、アパレル、百貨店の販売員、スタイリストなどを選ぶことができます。

4社はレベルを分ける

(例)**ITエンジニア**志望

IT・通信

❶インターネット業界
❷WEB制作業界
❸アプリ開発業界
❹ソフトウェア業界

電話通信業界
ハードウェア業界

(例)**コンビニのマネージャー**志望

小売

❶コンビニ業界
❷デパート業界
❸スーパーマーケット業界
❹ドラッグストア業界

雑貨業界
アパレル業界

与野君から「途中でエントリーする企業を変えるのはありですか？」という質問が出る。

「チェンジもありです。４年の春になると、企業説明会に参加する機会も増えます。すると、『自分が思っていたのと全然違う』とか、『隣のブースの説明会にたまたま行ったらすごくよかった』とか、そういうことは必ず起こります。惹かれたなら心の声に素直に従うべきでしょう」

「こりゃ〜、夏休みに遊んでいる場合ではないですな」と熊谷君が笑った。

「やるべきことは、たくさんあります。とはいえ、私は夏休みにまったく遊んではいけないとは言っていません。アルバイトをしてもいいし、旅行に行ってもいい。恋愛をしても、合コンをやっても、飲み会をやってもいい。でも、**せっかく遊ぶのなら、芸の肥やしになる遊びをしてください**」

芸の肥やしになるという話にピンとこなかったらしい与野君が手を挙げた。

「先生が考える、意義ある遊び方ってなんですか？」

少し昔話をすることにする。

「私は学生時代に、２カ月かけて北海道をヒッチハイク旅行したことがあります。当時の所持金は３万円くらいだったかな。現在の７万円くらいの金額ですね。貧乏旅行ですよ。もちろん、それくらいしかもっていないと、ホテルになんて泊まれません。だから、橋の下で寝たり、札幌の駅前で新聞紙を敷いて寝袋に包《くる》まって寝たりしていました。ときには知り合った人に泊めてもらったりしましたよ。北海道東部の釧路《くしろ》市に阿寒湖《あかんこ》というところがあるのですが、そこでは食事と泊まる場所を提供していただいたお礼に熊の木彫りを作る手伝いをしました。『百聞は一見に如かず』というのは真実です。聞いた話や、想像しているだけではわからないことが現場では起こります。そういう経験をすると、あなたにしか話せないオリジナルのエピソードになる。これは、あなたにとっての武器になります。**旅行のいいところは、人間が成長する原理を満たしているところです**」

「成長する原理ですか?」と、深谷さんがおうむ返しに聞く。

「そうです。その原理は、1つ、『**新しい場所に行くこと**』。1つ、『**新しい人に出会うこと**』。1つ、『**新しい経験をすること**』です。これが成長の導火線に火をつけます。好奇心が生まれるんですよ。好奇心のふたが開くと、どんどん情報が入ってくるようになります。ガイドブックでは伝わらないようなところに関心を引かれたり、人ってこんなに優しいんだなと気がついたり、もっとその土地のことを知りたいと思ったり。そういう経験は自分の考えや見識の幅を広げてくれます」

ひと息ついて話を戻す。

「**芸の肥やしになる遊び方というのは、そういう『いましかできないこと』『人に教えて**

あげたくなるようなこと』を経験することです」

話がずいぶんと脇道に逸《そ》れてしまった。ひと通り話し終わったところで、夏休みの課題について説明をする。

「みなさんの課題は、前期のモチベーションを保ちつつ、前期に習ったことをしっかり身につけてから後期のゼミに臨んでもらうことです。そのために課題を課します。まずは、『特製ＳＰＩ問題集』、次に『自己分析シート』。そして、『エントリー企業12社ピックアップ表』です。そして、週1回月曜日に活動報告を私にメールするようにしてください」

大ボリュームの課題に、「小学生の夏休みの宿題よりも多い！」と、泣き言が聞こえてくる。「いまさっき遊びの話をしたばっかりなのに！」という熊谷君の心の叫びには、苦笑するしかなかった。

「こんにちは。お世話になります！」

クマさんに声をかけると「おう、調子良さそうだな？」と、不動明王は優しく返してくれた。夏休みに入る前に、俺たちにはやらねばならないことがあった。それは、定期ライブである。

「練習はしっかりしてきました」

自信をもって俺は返事をした。

「リハではやらなかったけれど、あなたの曲を本番はやらせてもらいます」とは言わない。本番のお楽しみだ。あれから2週間、俺たちはみっちりと練習をしてきた。1つのことにこれほど熱中して取り組んだことはいままでになかったと思うほどに。フロアでリハーサルを見守るクマさんに決意表明をした俺は、準備のために楽屋に戻ることにした。

フロアの扉を開けると、地上で開演を待つお客さんの声が聞こえてきた。「いよいよだ」とつぶやく俺を見て、友彰は独り言のように言った。

「本番でいい演奏をするために気をつけることは2つだけなんだ。1つめは『いま、自分のなすべきことを考えること』。いつもよりいいカッコしようと考えるのが一番ダメ。練習してきたことを1つずつ確認するようにすればうまくいくってことだ。もう1つは、『適度な緊張感をもつこと』。ガチガチでもうまくいかないし、リラックスしすぎても力が抜けすぎてよくない。ほどほどの緊張は薬になるんだから、無理して隠す必要はないさ」

友彰の言葉が心強かった。話を聞いていた拓馬もその輪に加わる。

「なに震えてんだよ。やることは全部やったんだ。あとは楽しんでやろうぜ」

本当に頼りになる仲間たちをもったと思う。

「バカヤロウ。出陣前の武者震《むしゃぶる》いに決まってんだろ」と、俺は強がって見せた。

「『ドロップアウト』のみなさん、準備してください」

運営スタッフに声をかけられた。２人のおかげで本番前なのに、不思議と心は穏やかだ。

「いくぞ！」

２人に短く声をかけて、ステージ裏に向かった。自分たちの前の出番の２年生バンドの演奏を見つめながら、モチベーションを高めていく。

彼らの演奏が終わり、ステージに出ようとしたところで拓馬に引き止められた。

「円陣組もうぜ」

ふだんは、「んな、恥ずかしいことやるかよ」と言いそうな友彰だが、進んで俺の肩をつかむ。３人で輪になり、そして２人に目で促された。えっと、俺が言うのか？

「いくぞ！　『ドロップアウト』！」

「オー！」

最後の「オー！」は「イエーイ！」だか「フー！」だかなにを言っているんだかわから

ない。それぞれの発音だ。後輩たちもこれには苦笑いをしている。円陣のおかげで、完全に硬さはなくなった。

客席には関係者以外にもたくさん観客が入っていた。気を引き締めてセッティングを進める。ジャジャッと友彰が調子をたしかめて位置につく。1曲めは『ＪＵＤＥ』のあの曲を入れることに決めていた。果たして、このサプライズをクマさんは受け入れてくれるだろうか。息をのみ、拓馬に視線を送る。ドラムのカウントで、演奏が始まった。

イントロを聞いたクマさんが、視線をあげたのが見える。観客の熱気にも、クマさんのオーラにも負けない意志をもった演奏でＡメロに入る。

友彰はまるで自分たちのオリジナルを演奏しているかのように、この曲をモノにしていた。それに同調するように俺たちの演奏が脇を固める。サビに入ると、客席から自然と手拍子が。会場全体が一体となる。これまでに感じたことのない高揚感を感じた。

15分間はあっという間だった。『ＪＵＤＥ』の曲を含めてオリジナルを4曲。必死にやっているうちに時はすぎ去ってしまった。最後の一音を弾くと、客席から自然と拍手が起こる。昨年もらった、オープニングアクトの努力賞の拍手とはまったく違う。額についた汗を拭《ぬぐ》いながら、俺たちは一礼。ステージを後にした。

舞台裏に戻って、俺たちはガッチリと抱き合った。

楽屋とホールの掃除を終えて、スタッフルームで今日の演奏の音源を受け取る。地上に上がるころには21時をすぎていた。やっと肩の荷がおりたメンバー2人は、やりきったという風情でタバコに火をつけた。俺はふと、思いついたアイデアを口にする。

「明日から、1泊2日でストリートライブしようぜ」

2人とも「は?」という顔をしていた。

「明日、明後日はバイト入れてないんだろ?」

友彰は、定期ライブが終わったら、1週間は休むと宣言していたし、拓馬も、この忙しさで予定を組めていないようだった。

「暇は暇だけど、急にどうした?」

顔を見合わせている2人に、「せっかく休みなんだったら、有意義に遊ばなきゃ意味ないじゃん」と、説く。駅までの帰り道、2人は俺の突飛なアイデアに笑いながら賛同してくれた。


そして、夏休みが始まった。

作戦は次の通り。俺たちは大学の最寄りである狭川市駅から都心へ向かって1駅ごとにストリートライブをしてまわるのだ。ノルマは、最低限お客さん１人からチップをもらうこと。金額は問わない。もらったお金は最終日に募金すること。どんなに早くチップをもらえても、１駅30分は演奏をすること。宿泊については、とりあえず成り行きに任せようということになった。部室に来たのは、俺と友彰が使うアコースティックギターを２本借りるためと、ふだんはドラムを叩いている拓馬のためにカホン（ペルー、キューバ発祥の箱のような打楽器）を借りるためである。さすがにカホンを自転車で運ぶのは壊しそうで怖いということで、電車で移動することに決めた。

「なにやろうか」と全員で相談し、90年代のヒット曲をいくつかピックアップすることにした。「せーの」の合図で演奏開始。比較的にぎやかな街なので、なにをやっているのか気になった人が足を止めてくれる。

「幸先がいい」と思っていたのは、最初の２曲めまでだった。いかんせん、足を止めてくれる人はいても、投げ銭をしてくれるような人はいない。これくらいの困難は予期していたが、５曲、６曲と演奏するとさすがに「こんなはずでは……」と、思い始めるものだ。演奏が終わると、拍手はもらえるのだが、演奏が終わったと同時にその場から立ち去ってしまう。ストリートライブってこんなに難しいものだったのか。頭でわかっていることと経験することの違いを思い知らされる。ひと息休憩を入れながら、「選曲マズイかな？」と友彰に相談をした。

「いや、感触は悪くないっしょ。そもそもチップを入れるっていう文化が狭川市民にはないのかもしれんな」

たしかに。発案者は俺だが、実際問題、ストリートミュージシャンにチップを渡したことがない。彼らのイメージが投げ銭だったから、軽い気持ちでこのルールを設定してしまった。心優しい人がきっとくれるもんだと、たかをくくっていたのだ。どういう演奏がお金をもらえる演奏なのかということを考えていなかった。ここで、さっきまでへばっていた拓馬がアイデアを出す。

「パフォーマンス重視でいこう。俺たちアマチュアだよ。カッコつけて、演奏と歌だけでお金がもらえると思ったら甘いよ」

そうかもしれない。「ごめん。俺の考えが甘かった」と言いかけているのも聞かずに、拓馬は聴衆の真正面に歩いていった。そして、

「レディースア〜ンドジェントルメン！」

急になにを始めるのだ。

「我々は、狭川学院大軽音楽サークルの『ドロップアウト』と申します。俺たちは、自分

の力を試すために演奏旅行を始めたばっかりでして、都内に向かって各駅停車の駅ごとで演奏をしております。もし、演奏がいいなと思ったら、少しで構いませんのでチップをこのギターケースに入れてください！　いただいたチップは募金させていただきます。恵まれない落ちこぼれたちに愛の手を。そして、演奏には温かい合いの手をお願いします！」

友彰がノリのいい懐メロ定番曲を演奏しだした。我に返った俺も、それに合わせる。通行人の反応はさっきよりもいい。遠くで自分の親世代の男性が嬉しそうにこちらを見ている。来るか、ついに来るのか？

「サンキュー！」

拓馬が演奏後に調子よく言うと、先ほどよりも大きな拍手がもらえた。そして、チャリン。

「ありがとうございます！」

心からの声が出た。あの遠くで見ていた男性が「若いっていいね」と言いながら、５００円をギターケースに入れてくれたのだった。

「まずは、１駅めのノルマ達成だな」

満足そうに拓馬が笑う。所要時間は50分というところだった。

コツをつかんだ俺たちは2駅、3駅とすんなりクリアすることができた。だが、俺たちの調子のよさはそうそう続かない。次に到着した田有《たあり》駅で足止めを食らった。

駅を降りて驚いた。その駅名の通りで田んぼはあるが、人通りがまったくないのだ。人が集まりそうな公園を目指して歩いてみたものの、夏の真昼間の公園に人がいるはずもなく、無人のベンチに3人で腰かけた。もう少し涼しい時間になれば、誰か公園に遊びに来るのではないかと1時間粘ったが、待てど暮らせど誰もこない。

別の公園や商店街など、人のいるところを探して彷徨《さまよ》ってみたが、まったく無駄足だった。すでに時刻は午後5時。すっかり心を折られた俺たちは、コンビニのイートインで涼を取っていた。

「こんなことになるなら、彼女と夏祭りに行ったほうがマシだったな〜」

ボソッと友彰がつぶやく。その話を聞いた拓馬が、ふいに窓の外を指さした。

「おい、あれ見ろよ」

浴衣《ゆかた》を着た女子高生と思《おぼ》しき2人が歩いている。

「やめとけ。彼女がほしいからって、さすがにマズイぞ」

拓馬を優しく諭した。だが、そういう意図ではなかったらしい。

「バカヤロウ。浴衣を着た女の子が、駅とは別の方向に歩いているってことは、近くで祭りがあるってことなんじゃねえのかって言いたいんだよ」

ようやく理解した俺は、急いで店を出て彼女たちを追いかけた。

「おーい、ちょっといいかな？　いまから祭りに行くの？」

ガン無視だ。完全にナンパと勘違いされている。いや、やっていることは同じか。

「祭りの会場まで連れてってほしいんだけど～」

声をかければかけるほどに、彼女たちの拒否反応は強くなる。彼女たちは、早歩きで風のように去ってしまった。うなだれ、途方に暮れている俺たちに、友彰が労《いたわ》るように声をかけてきた。

「祭りは、5丁目の豊穣《ほうじょう》神社らしいぞ」

おまえはいつの間に、そんな情報を得たのか。まったく抜け目ないやつだ。

豊穣神社には、たくさんの人たちが集まっていた。友彰が得た情報では、この祭りは町内会の人たちの手による夏祭りで、都合がよいことにイベントの目玉は、「歌声大会」らしい。「俺の出番だな」と、腕まくりして、拓馬が運営本部に向かう。

「すみませ～ん」

元気のよすぎる声が響き渡る。道場破りが「頼もう！」と言って、入っていくテンションだ。感じのいい中年の女性が出てきてくれた。

「私たちは、狭川学院大学の学生で、軽音楽サークルに所属している者です。狭川市駅から、各駅で、路上ライブをして新宿を目指しています。田有駅で、今日お祭りがあることを聞きまして、それでうかがいました。突然のお願いで驚かせてしまうかと思うのですが、私たちを『歌声大会』に出場させていただけませんでしょうか?」

やはり、単刀直入である。ヤツのお願いには、「ダメ」と言わせない不思議な力強さがある。

「ちょっと、担当者に聞いてみますから、お待ちくださいね」

おばさんは、笑顔を崩さずに裏に戻っていった。ほどなくして、にこやかなおばさんは、30代くらいのお兄さんを連れて戻ってきた。

「『歌声大会』に出てくれるんだって? 例年、出場者が同じ人たちばっかりで、変わりばえしないいんだ。だから、きみたちみたいな飛び入りは大歓迎さ」

3人ともガッツポーズ。そのままステージに向かうことになった。

「こんばんは! 僕たち、狭川学院大学軽音楽サークルの『ドロップアウト』です。今日は飛び入り参加で、『歌声大会』に参加させてもらいました。優勝目指して、頑張ります！」

　数百人の客を前にしても、拓馬のＭＣは絶好調だ。

「それでは、聴いてください」

　ゆったりとしたカウントを合図に、俺たちの演奏が始まった。エモーショナルな友彰の歌声に、境内の人々は耳を澄ましている。自然と手拍子が起こり、一緒に口ずさむ人の姿が目に映った。これほど大勢の人たちに注目してもらえるのは、これからの人生でもそうないことだろう。

　演奏はクライマックスに入り、友彰の張りのある声が境内に響き渡る。力強い歌声で、俺のコーラスを引っ張っていく。バンドを牽引する説得力のある発声。こんなに楽しい演奏はこれが最後かもしれない。妙に感傷的な気持ちになって声が揺れてしまった。このまま終わらないでほしい。その気持ちとは裏腹に、アウトロに入り、そのまま演奏は終了した。

　控え室に戻ると、主催者のお兄さんと話をしていた拓馬が大はしゃぎをしている。

「おい、今日の宿決まったぞ！」

　野宿も仕方なしと思っていたところの吉報だ。俺たちは、祭りの片付けを手伝うということを条件に一晩泊めてもらえることになった。素泊まりのつもりだったのだが、優しいお兄さん一家の計らいで、温かい食事とお風呂をいただくことができた。

寝支度をした俺たちを、お母さんは和室に通してくれた。そこにはフカフカの布団が敷かれている。吉田先生が言っていた通り、「世の中はいい人で溢れている」のだと思った。2人に重ね重ね礼を言って、部屋に入る。拓馬は布団に飛び込んだ。

「部活の合宿みたいだな」と、友彰が言ったのに対して、

「部活は、コイツにとっては禁句だから」と、拓馬が俺をイジってきた。

ゲラゲラ笑う2人を横目に、俺は吉田ゼミの夏休みの課題を取り出した。「ウチの坊ちゃんったら、ずいぶんとお利口ザマス」と、拓馬がセレブ口調で茶化す。これは、コイツなりのエールなのだろう。

俺は、寝転がってスマホをいじっている2人に、「就職先とか、おまえたち考えたことある?」と聞いてみた。

「な～んにも考えてないよ」と拓馬。

「東京で働きたいよな～」と、友彰も漠然としか考えていないようだった。

「ゼミで、合計12社はエントリーするように言われたんだよ。でも、俺もやりたいことって言われてもピンとこなくてさ。好きなことから連想して、業種を決めたらいいって言わ

れたんだけど、いまはバンドをやっているのが好きなくらいなんだよね。でも、そもそも音楽で食っていくレベルじゃないし、仕事にすると嫌いになりそうじゃん」

「わかるわ〜」と拓馬が言う。

「そもそも、おまえってバンドやってる時間以外ってなにしてすごしてるのさ？」

友彰が無趣味な俺の痛いところを突く。

「バイトしたり、とか」

「なんのバイトしてるんだっけ？」

「コンビニだけど……」

拓馬がため息をつく素ぶりをして「まったく、オリジナリティのないバイトだな」と言った。だが、意外にも友彰は食いついてきた。

「そういえば、おまえのバイト先って、コンビニとは名ばかりで、24時間営業とは無縁の個人商店じゃなかったっけ？」

「俺の住んでる地域じゃ、そこの店をコンビニって呼んでんの！」

少しキレ気味に答える。俺の地元は、大学からかなり離れた田舎町である。バイト先は、高校2年から世話になっている滑川商店で、「ナメリーマート」の愛称で親しまれている家族経営の店だ。コンビニと胸を張れるのは、おにぎり、サンドイッチ、弁当、アイス、飲料は当然のこと、雑誌、筆記用具、靴下やシャツなどの衣料に及ぶまで、ラインナップが大手と大差ないからである。ほかのコンビニとは違うのが、季節の商品が充実していることだ。正月には年賀はがき、鏡餅、みかんはもちろん、羽子板や独楽《こま》、凧まで揃えるし、夏には、花火や釣り具、虫網や虫カゴ、カブトムシのゼリーまで扱うこともある。ちょっとしたホームセンター状態だ。

「大学の近くでバイトすることもできるのに、なんで続けてんのよ？」

友彰は冷静に質問を続ける。

「地元の人ばっかりだけど、お客さんが喜んでくれるのを見るのが好きっていうのが一番かな。それに、季節商品を決める時期になると、店長は俺なんかにも意見を求めてくれるのよ。流行りに乗ってタピオカ始めましょうよ、っていう話をしたときも聞いてくれてさ。結構ヒットしたんだよね」

親友に聞いてもらうと、ゼミで自分の話をするときよりも構えずに話せる気がした。

「要するに、おまえは接客が好きで、なにをお店で扱うのかとか、そういうアイデアを出すのが好きってことじゃないのか？」

拓馬が話に割り込んでくる。

「そういう条件に合う仕事ってどういうのがあるの？」

友彰が質問を続ける。

「小売業というのがまずそれに当たると思う。コンビニとかデパートやスーパー、家電量販店とかそういう卸売業者から買ったものを販売するところが小売業っていうらしい」

「おっ、もう４つエントリーするところ決まったじゃん」と拓馬が手を叩いた。

「重なっているというと、接客の仕事かな。旅行会社とか、ブライダルとか、ホテルとか、飲食とか」

「それだと、幅が広すぎるんじゃないの？」と友彰。そうかもしれない。

「なかでも興味があるのはどれよ？」と拓馬にまで偉そうに言われる。

「旅行とホテルは興味あるかも。こうやって友達と出かけるの好きだし」

「じゃあ、その２つの業種から４企業選べばいいんじゃね？」

あっさりと志望業種が決まってしまった。いままで、眠れないほど悩んでいたのが嘘みたいだ。そう思うと急に不安になる。

「こんなに気楽に決めちゃっていいのかな？　一生を左右するんだぞ」

なんてことないように楽観思考の拓馬は笑う。

「調べてみて、『考えたのと違った』って思ったら、そのときは変えたらいいじゃん」

そういえば、吉田先生も、説明会に行ってほかの企業に惹かれたら、素直にエントリー企業を変えればいいと言っていた。

「いまの結論が正しいかどうかなんてわからないんだから、やってみてから答えを出したらいいんじゃない？」

これくらいの気軽さが俺にも必要なのかもしれない。

「また演奏旅行しような」と、友彰がふいに口にした。

「定期ライブもいち段落したわけだし、次は就活を目標にしたほうがいいだろ？」

「俺に気を遣わせてしまっているようで、ごめんな」

後ろめたい気持ちで謝ると、「真面目な顔して謝るなよ」と友彰は笑った。突然、拓馬が「いいこと思いついた」と言って、割り込んでくる。

「バンド練習は休止するけど、『ドロップアウト』の活動は休止しない。今度の俺たちの目標は、『全員就職』だ！」

新たな遊びを思いついたようにはしゃいでいる。友彰は「そろそろ、俺たちも就職考えないといけない時期だしな～」と言いながら、

「じゃあ、ゼミで習ってることを俺たちで練習してみたらどうだ？」

と提案してきた。

「おまえたちがやっている自己紹介とか面接の練習とかに、俺たちが付き合うよ。そうし

たら、俺たちも勉強になるし」

「それ、いいね！」と拓馬も同意する。

「拓馬、バンド練習と同じくらい厳しくいくからな」という友彰の言葉に、「俺かよ！」と拓馬。２人のやりとりに心が和《なご》む。本当にいい仲間をもったなと心から思った。

「じゃあ、明日からさっそく、就活練習な」

拓馬のその言葉を合図に、勉強会はおひらきになった。

3×4で選んだ企業を徹底的に調べよう

エントリーする企業についてまずは自分が好きなものや興味のある分野でもいいですし、特にないという人は、自分が1日のうちどんなことに一番時間を使っているかを考えてみるとよいでしょう。たとえば、スマホゲームをよくやるという人なら、アプリ開発の会社やゲームを製作するメーカー、ゲームを販売する小売店……など、関連する業種はいくつもあります。業種を決めた後は、どの企業にするのかを決めていくわけですが、そこで「企業研究」が必要になってきます。企業研究とは、企業の歴史や業務内容などの概要を調べ、把握することをいい、方法は3つあります。

1つめは『四季報』をチェックすること。『四季報』とは、年間に4回発行される、企業のさまざまなデータが掲載されている出版物のことで、東洋経済新報社の『会社四季報』が一番有名です。こちらは主に株式や業績に関するデータがメインなのですが、ほかにも就職活動用に特化した『就職四季報』などもあります。この『四季報』を読むとなにがわかるかというと、株価はもちろん過去数年の株価の推移や売り上げの推移、発売予定の新製品や新技術についても把握することができ、その企業の現状から今後の見通しまで読み取ることができます。業績がうなぎ登りの企業、伸び率は緩やかだが確実に伸びている企業、業績のアップダウンが激しい企業など、自分の希望に合わせた企業を探しましょう。『四季報』でデータを把握した後は、それらをふまえてその企業のホームページをチェックしましょう。最近の各企業のホームページはとても充実しており、採用情報はもちろん、『四季報』では確認しきれなかった、最新の情報が掲載されている場合もあります。

そして最後に、実際の現場に出向いてみることをおすすめします。たとえばコンビニ業界が第一志望なら、数店舗をまわり各社を比べてみてください。違いを探してみると、お店の雰囲気はどうか、働いている人はどんな人か、陳列はどうか、ポスターなどの掲示物やポップはどんなものがあるのか……など、絶対にいくつか大きな違いに気がつくはずです。

そして、この違いに気がつくことができると、面接で志望動機を聞かれた際の答えにも組み込むことができるのです。「違い」＝その企業のコンセプトであることがほとんどなので、その部分について語れるようになっているとベスト。そのコンセプトに共感して志望しました、というように答えればよいのです。または、ホームページで見つけた「福利厚生」に着目するのでもOKです。「育児休暇が必ず3年取れる」「年に1回○○休暇がある」といった福利厚生に魅力を感じた、というのも立派な志望理由の1つになります。

6章

エントリーシートに文才はいらない

「数字」で成果を伝えるESの書き方

夏休みも終わり、後期のゼミが始まる。8月、9月は学生たちからメールで活動報告を受けるのみで、直接指導することはなかった。ここで自主的に努力できたかどうかで、今後の成長の幅が大きく違ってくる。報告を受けている限りでは、彼らのうちのほとんどがしっかりと復習と課題を進めたようである。教室に入ると、ゼミ生たちは行儀よく着席していた。

「みなさん、こんにちは。夏休みは謳歌しましたか？　今日から後期のゼミを始めていきたいと思います」

前期のころは、派手な色の髪をしていたり、奇抜なファッションをしていたり、ノーメイクの学生もいたが、夏休みを経て、一部の学生には変化が表れ出していた。

「熊谷君、スーツがよく似合っているね」

彼は照れながら、

「気合いが入っているところを見せたかったんです。それに、本番までにスーツも着慣れておきたいですし」

心なしか、言葉遣いも丁寧になっている。考え方や趣味嗜好が人間の内面に影響するのはたしかだが、外見が人間の内面に作用するというのもまたたしかなことだ。熊谷君も着実にビジネスパーソンとしての階段を上がってきたことがうかがわれた。こうした嬉しい成長がわかる一方で、心配な学生もいた。ビジネスコミュニケーションゼミに所属する3年生は15人。そのうちの14人しか姿が見えないのだ。

「川越《かわごえ》君の姿がありませんが、誰か事情を聞いている人はいませんか？」

私の質問に首を横に振る学生たち。

「学生が1人休んだくらいで大げさだ」と言われるかもしれない。大学のゼミにおいては、15人中14人が出席していることを褒めるべきと言う人もいるほどだ。それは「学生は授業を休むものだ」という考えを前提としているからである。

だが、このゼミでは、毎年学生の出席率は98%以上を誇っているのだ。よほどのことがなければ、彼らは講義を休まない。ビジネスマンとして成長するなかで、学生にとっての「仕事」は授業を受けることであると認識しているからである。熊谷君のように、夏休み中にモチベーションを保った学生であれば、理由もなしに後期1回目の授業を休むことはありえないが、川越君の場合、休み中から心配な兆候が表れていた。初めの2週間は定期報告に遅れることがなかったが、お盆をすぎたころから彼のメールが期日に間に合わなくなった。そして9月にいたっては、報告のメールがこなくなってしまったのだ。

彼と日ごろから仲のいい学生から電話をしてもらったが、反応がなかった。気にしていても、ほかの学生に影響が出てしまうため、講義を進めることにした。

「今回の授業では、文章の書き方を教えたいと思います。みなさんは作文が好きですか？」

苦々しい表情は、その答えを雄弁に語っている。富士見君は、

「僕は、正直作文が苦手なので、エントリーする企業を考える際に、小論文を書くような筆記試験がないところを選びました。だから、パスでいいですよね？」

お願いをされても免除はできない。文章を書くことは、就職試験では避けては通れない。

「富士見君は、文章を書けなくても就職試験はうまくいくと考えているわけですね」

彼はうなずく。

「僕は文才がないので、文章を書くのには向いていないんです。正直、グループワークや面接の練習に時間をかけたいです。こちらのほうが僕は好きなので」

それに対して、私は指を2本立てた。

「きみのいまの発言には、2つの誤りがあります」

夏休み明け、久しぶりの間違い指摘タイムに学生たちの表情が引き締まる。

「1つめは、『文章を書くには文才が必要である』という点。これは間違いです。作家のように、読者に涙させたり、手を叩いて笑わせたりする文章を書くにはセンスに頼るところもあるかもしれません。しかし、みなさんが書くのは、決まったテーマに対して自分の意見を述べるという形の文章です。誰か別の人間になりきって書けと言われるならまだしも、あなた自身の考えを書くわけですから、自分の意見さえしっかり固まっていれば書けないはずがありません」

続けて、2つめの間違いについても指摘する。

「結論を言うと、ある程度文章をかけるようにならないと就職試験を突破することは難しいです。富士見君が言った通り、文章に苦手意識があって作文の筆記試験が設けられている企業を受けないと決めた学生はほかにもいると思います。そうすることで、筆記試験は回避できたかもしれませんが、文章を書くこと自体を回避したことにはなりません。なぜなら、みなさんはエントリーシートを企業に提出しなければならないからです」

まずは、エントリーシートの説明から始めよう。

「頭文字を取って、ＥＳと略されているのをよく耳にしますね。企業が独自に作成した応募書類で、文字通り、エントリーした企業に提出する書類です。氏名や連絡先、出身校や大学名を含めた自身の経歴のほかに、志望動機や自己ＰＲを書く欄が設けられています。これを提出しなければ、ファーストラウンドに上がることも許されません。さらに言うと、提出されたエントリーシートは最終面接まで、あなたの資料として採用担当者の手元に残ります。それをもとに質問されるので、いい加減なものを書くわけにはいかないですよね。以上のことから、就職活動において作文は不可避であることを認識しておきましょう」

　せっかく作文を回避できると思ったのに、と肩を落とす富士見君。彼のために、作文がうまくなることには、文章を書くこと以外にもメリットがあると伝えよう。

「手紙といえば容易に想像できるかと思いますが、『読む』『書く』という行為はコミュニケーション活動でもあります。つまり書く能力は、話す能力にもつながっているということです」

「どういうところがつながっているんですか？」と富士見君。

「人は、自分の意見を相手に伝えるとき、まずは自分の考えをまとめてから話します」

　それがどうしたという顔をしている。

「考えるプロセスのなかで、人は言葉を使います。話す順番を文章にして考えたり、伝わりやすいようにストーリーを組み立てて考えたりします。いつも話が散漫になってしまう人は、文章を書くときに用いる構成力が劣っているのです。つまり、作文能力が高まることは、構成力を高める助けになります」

ここで、「文章を学びたい」と思わせるように一気にたたみかける。

「実は、**文章を書くには3つのポイントがあります。**『3つも？』と思うかもしれませんが、みなさんは準備のうちの2つを、すでに終えているのです。**まず、自分のことを知るということ。**エントリーシートや作文に書くのは、当然みなさん自身の考え方やものの見方、経験してきたことです。みなさんは、自己分析によって自分の興味や長所や短所を理解しようとしてきました。書くための素材集めは完了していると言えます。

次に、**一般常識を身につけていること。**これはＳＰＩのときに話をしましたが、ふだんから調べものをする癖がついたことで、知識が増えてきていると思います。就活の場面では、テーマについて、あなたはどう思いますかという形で問われます。課題について、あなたはどのように理解していて、それをどのように解釈しているのかが問われるわけです。つまり、これまでに蓄えた知識と自分の考え方を組み合わせれば、十分対応できます。

そこで、これをどのような形でアウトプットするかということが問題になります。**問われるのが、3つめのポイント。話を組み立てる構成力です**」

構成力を高めるためにはとっておきの練習方法がある。ここで、プリントを全員に配布した。予想どおり、プリントを見た学生たちは驚いている。

「コレなんですか。ただのマンガじゃないですか」

そう。そこには、４コママンガが描かれているのだ。

「みなさんには、４コママンガを使って文章を練習してもらいたいと思います。お渡ししたのは、読売新聞朝刊に連載されている『コボちゃん』です。４コママンガがなぜ練習に適しているのか、それは起承転結がしっかりしているからです。見てもらえばわかると思いますが、１から３コマめまで、なにをテーマにしているのか、舞台はどこなのか、どのように話が展開されるのかが提示されています。そして、最後のコマでオチがつく。パッと見でわかりやすいですよね？　それだけストーリーがしっかりしているのです。だから、みなさんには４コママンガのような文章を書けるようになっていただきたい」

学生たちはしげしげと、手元のマンガに視線を落としている。

「具体的な練習法をご説明します。プリントには、４コママンガと文章を書くための空欄が設けられています。空欄は、それぞれのコマに対応して5行ずつ、４つありますね。１コマずつ、その欄ではなにが書かれているのか解説をしてもらいます。４コママンガには、風刺なのか日常なのか、なにかしらの意図が必ず描かれている。それを読み解きましょうという問題です。登場人物は誰なのか、舞台はどこなのか、どんなシチュエーションなのか、細かく書き入れるようにしましょう。注意する点は２つです。まず、５行分の空欄をきっちりと埋めるということ。次に、自分勝手な解釈をせずに描かれていることを正確に理解して解説するということです」

　実は、この文章法を身につけると、嬉しい副産物も得られるのだ。

「この練習をすると、面接試験にも役立ちます。なぜなら質問者の意図を理解することができるようになるからです。たとえば、『学生時代の一番の思い出を教えてください』と聞かれたとしましょう。それはただの思い出話を聞かれているわけではなく、『学生時代に力を入れたことはなんですか？』と聞かれているわけです。それを理解できずに『旅行をして楽しかったです』と答えようものなら、意図が読めない人だと思われて落とされます。こうした初歩的なミスをなくすことができるのです。つまり、**コミュニケーションの３つめの柱である『処理力』を高めるトレーニングにもなるわけです**」

　４コママンガと聞いて、バカにしていた学生たちも見方が変わったようである。

「できの悪いエントリーシートは、言いたいことを欲張って入れすぎたり、プロセスばかり書かれて、結論がわかりにくかったり、時系列がバラバラだったり、ストーリーがなかったりします。この練習をすると、話が上手にまとめられるようになるので、４００字くらいは楽に書けるようになります」

最後に「この練習をすれば、みなさんの中にある眠った文才が目覚めるかもしれません」とつけ加えると、学生たちは俄然やる気になったようだった。

「まずは、４コママンガで練習しますが、今後慣れてきたらエントリーシートの書き方に移行しましょう。『学生時代に力を入れたこと』や『この企業を志望した理由』などですね。とにかく、文章についても練習あるのみです。さっそくチャレンジしてみましょうか」

それから30分間をかけて４コママンガの解説を学生たちにさせた。次に３人ずつ５組にわかれてグループワーク。それぞれが書いた文章を発表させる。グループのなかで一番上手に解説できた人を代表者に選出してもらい、発表してもらった。

全員の発表が終わり、講評をしていたところで、突然教室のドアが静かに開いた。恐る恐る入ってきたのは、川越君だった。

「すみません。遅刻してしまいました」

消え入りそうな声で、彼は謝罪する。

「どういうわけで、遅刻したのか教えてください」

全員の視線が彼に集中している。

「バイトを休むことができなくて……」

緊張で声が震えている。私は、特に怒っているわけではない。

「休まずに授業終了ギリギリの時間に来たことは評価しますが、きみは今日のゼミをほぼ2コマ休みました」

そう言いながら、自分のバッグを教卓の上に置いて財布を取り出す。

「この大学では、授業料を計算すると1コマあたり5400円くらいになります。2コマでは？」

と聞くと、彼は「1万800円です」と力なく答えた。財布から1万円札を取り出す。

「そう。あなたはこの2コマの授業を受けるためにこの1万円を払っているわけです」

お札を見せてから、手のなかでクシャッと丸めた。

「うわ！　もったいない」

学生のなかからそんな声が聞こえてくる。

「いま、もったいないという声が聞こえてきましたが、授業を休むというのはそういうことです。たとえば、きみが時給1000円のバイトをこの3時間していたとする。それで稼ぐことができるのは３０００円です。稼いだなと思うかもしれませんが、冷静に考えてみれば、２コマで1万８０００円の授業をサボったわけですから、７８００円の損失をしていることになります。川越君だけではなく、全員が把握していないといけないことなので、あえて言わせてもらいます。これからビジネスマンになろうとしているみなさんは、すべてのことにおいて原価計算をしなければなりません。こういうコスト意識が重要になるわけです」

　川越君はうなだれている。

「みなさんの学費は、ご両親が身を粉《こ》にして働いて払われているものです。もしくは、奨学金というある意味借金をして学校に通っている人もいることでしょう。なぜ、それだけのコストをかけて学校に通うのか。これは、みなさんに投資をしてくれていると考えるべきです。４年間で数百万円を支払って、卒業後にフリーターになるようではコストパフォーマンスが悪すぎだと思いませんか？」

　学生たちは、静かにうなずいている。

「それに、私の授業は社会人が10万円の費用を払っても受講を望む価値ある内容だと自負しています。つまり、あなたは10万円の授業よりも、数千円を選んだことになります。そればかりか、一度授業を休むと、スキルもモチベーションも後退してしまいます。他大学の学生と互角以上に競うことができるようになったのに、非常にもったいないと思います。そして、夏休みに入る前に話したように、**どんな業種を志望するとしても『お金の本質』について考えるクセをつけてほしいのです**」

川越君は「すみません、すみません」と繰り返すばかりだ。

「私はべつに怒っているわけではありません。きみの人生は誰のものでもなく、きみ自身のものです。一時の流れやノリに流されることなく、これからの人生に役に立つものを自分でしっかりと選択できるようになることを私は期待しています」

そう言って、彼に着席を促す。なにもなかったように授業を再開したが、私は内心、「この傾向はマズイな」と思っていた。

10月になり、学内は学園祭に向けて色めき立っている。吉田ゼミの学生たちも少なからず、その空気に影響を受けているようだった。ゼミの授業の終わりにこんな話をしてみた。

「このなかに所属するサークルなどで、学園祭に参加する方はいますか？」

全員が首を横に振る。

「夏休み明けからが勝負なんですよね。遊んでいる暇なんてないって言ったのは先生じゃないですか」

　ゼミで一番のお祭り男、熊谷君がそれを言うのだから、彼も成長したものだと思った。だが、本当は参加したいという気持ちでいることが私にはわかる。

「毎年、このゼミでは学園祭で出店をしています。今年も、4年生を含めた全員で参加したいと思っています」

「は？」という空気が流れる。まさか、課題、宿題と言い続けてきた私の口からそんな言葉が出てくるとは誰も思わなかったのだろう。

「出店の内容ですが、伝統的に吉田ゼミは焼きそば屋を出すことにしています」

　学生たちは合点がいっていないようである。

「学園祭に参加する暇があるなら、グループワークや作文の練習をしたほうが就活の役に立つんじゃないですか？　それとも、焼きそば屋を出すことと就活になにか関係があるんですか？」

　富士見君は、自分の意見が最も合理的であるというふうに疑問を呈する。

「今回、みなさんに出店を勧める理由は3つあります。まず1つめですが、この経験はみなさんの自己アピールの材料になるからです。エントリーシートを書き始めると、『私は人に誇るような経験を積んできていない』と自信をなくす人がいます。そういう人のために、**他人と協力した経験を今回積んでほしい**と考えているのです」

学生たちは黙って話を聞いている。

「2つめは、社会人になってから焼きそば屋を出した経験が役に立つと考えているからです。企業の存在する意義とはどんなところにあると思いますか？」

富士見君に意見を出してもらう。

「一番の理由は、資本主義社会に生きているわけですから、利益を追求することだと思います」

「ほかにはどうでしょうか？」と言って、深谷さんにも意見を聞く。

「新しいサービスや商品を届けて、お客様の生活を便利にしたり、幸せを感じてもらうことだと思います」

「それもありますね」と、深谷さんの意見を受け止める。ほかのゼミ生の考えも概ね同じだった。

「たくさんの意見をいただきましてありがとうございました。どれも正解だと思います。ただ、いま出してもらった意見のほかにも私は企業の存在意義はあると考えています。それが**地域貢献**です。企業は存在している以上、必ずどこかの地域に拠点を置いて社会活動をしています。優良企業であるほど、地元に愛される地域貢献をしているのです。そういう企業はよく、地域の祭りにも協賛のような形で参加しています。出店の代表格と言えば、なんといっても焼きそば屋です。そのときに役立つのが、このゼミで焼きそば屋をした経験です。そういう場面に立ち会ったときに、必ずあなたは率先してチームを引っ張っていけます。そういう小さなことで、仲間からも認められるようになるのです」

「地域の出店をやることになったときに役に立つから、焼きそば屋をいまのうちにやっておけというわけですね」と、熊谷君が揶揄《やゆ》したように呟いた。

「3つめの理由をお話ししましょう。これは貢献という意味では2つめの理由と重なるところがあります。それは、仲間への貢献。チームワークを築くということです」

「就職活動って個人戦じゃないですか？　自分のこともままならないのに、他人と仲良くすることが内定につながるとは思えません」

　富士見君の意見は非常に素直である。

「私は、夏休み明けのみなさんの姿を見て、正直、『マズイな』と思いました。たしかに、ゼミを休むこともありませんし、授業にも課題に真面目に取り組んでいる。個々の努力は目をみはるものがあると思います。それなのに、前期にあったみなさんの勢いを感じられないのです。その原因を私は、全員で内定を取ろうという意気込みや一体感が欠如していることにあると思っています。就活は長丁場です。共に戦う仲間の存在はこの長期戦を戦いきるには必要不可欠なのではないでしょうか？」

富士見君はあまり納得いっていない表情だ。

「いいじゃん。やってみようぜ！」

重苦しい空気を破ったのは熊谷君だった。

「吉田先生が正式に学園祭に参加していいって言ってくれているんだから、息抜きのつもりでやってみたらいいじゃん！」

そのひと言がきっかけで、学生たちはとりあえず学園祭に参加しようということになったようだ。

「熊谷君、ありがとうございます。それでも参加する理由がほしいという人もいると思いますので、課題を出したいと思います。みなさんには、10月末の土日におこなわれる学園祭で、焼きそば屋を出店し、２日間頑張って20万円以上の売り上げをあげてもらいたいと思います。さらに、純利益を12万円以上出してほしいと思います。そして、その準備の進捗状況を毎週月曜日に学園祭責任者が私に報告するようにしてください。課題は以上です」

与野君が不安そうに質問をしてきた。

「店の経営なんてしたことがない俺たちに、そんなことができるんでしょうか」

少しヒントを出すことにする。

「この課題は、みなさんがこれまで学んできたことの応用編です。みなさんはこれまでどんなことを学んできましたか？」

深谷さんが与野君の代わりに答える。

「ビジネスコミュニケーションについてです。自己分析とか自己紹介とか。ＳＰＩや文章の書き方についても勉強してきました。それに、グループワークと世の中の仕組みも……」

と言いかけて、なにかに気がついたようだ。

「この焼きそば屋さんもハード、ソフト、ムーブに分けて分解できないかな？」

与野君はその言葉でなにかをつかんだらしい。

「繁盛するラーメン屋をハード、ソフト、ムーブに分けられたんだから、繁盛する焼きそば屋も同じようにコンサルティングできるってことか」

深谷さんがうなずく。

「単純に分けるとハードは店構え、ソフトは商品の味、ムーブは店員ってことだよね。つまり。店舗の設置、調理、サービスをどうするかをまずは考えなければならないってわけか」

課題の本質に近づいてきたようだ。私は「あとは任せましたよ」という意味で与野君の肩を叩いて、廊下に出た。

その後の報告では、与野君が店長に就任し、３部門に３人のプロジェクトリーダーが決められていた。店舗設営担当者の川越君、仕入れ及び調理担当者の熊谷君、販売サービス担当者で経理を兼任する深谷さんという布陣だった。それぞれ各部門でグループワークをして必要物資や予算、スケジュールなどを打ち合わせたようだ。宣伝活動や予約販売に力を入れて目標を達成する方針で決まったらしい。ちなみに、店の名前は私の名前を冠して「吉田焼きそば」に決まっていた。今日はいよいよ文化祭直前の試食会である。焼きそばの最終味付け、マニュアルに従った接客の練習、商品や販売方法についての情報を共有するためにおこなう。まずは、調理の熊谷チームから説明を始める。

「基本的には調理場は忙しい時間は２名。それに材料の仕込み２名で立つ形にしたいと思います。メンバーは与野を抜いたメンバー４人と４年生４名でローテーションを組みます。俺たちは、この日のために、富士宮焼きそばの専門店で修業してきたのであります！　まずはお召し上がりください」

ものすごい気合いの入りようだ。皿に盛られた焼きそばを口に運ぶ。いい香りだ。

「おいしいですね」

私の素直な感想に、熊谷君はホッと胸をなでおろした様子だ。

「材料費等、必要経費はプリントに書かれた通りです」

全員で、プリントの内容を確かめる。

「問題ありません」と、深谷さんが承認する。

次に、接客について。

「まずは、接客方法について統一したマニュアルを作成しましたので、目を通しておいてください。お気づきの点がありましたら、ご指摘ください。以前の報告では、接客担当が店頭に４人立つ形でご提案を致しましたが、出前や呼び込みなどの人員が必要なことを鑑みて、３名に減らすことにしました。その分、店頭注文がスムーズに進むようタブレットのレジアプリを導入することにしました。使用方法については、後ほど全員が触ってたしかめられるように機会を設けたいと思います」

店舗設置について川越チームが報告する。

「『吉田焼きそば』の看板については、すでに作成に取り掛かっています。本番２日前には、全員にご確認いただけるようにスケジュールを組んでいます。そのほか、機材の搬入は前日になりますが、男手がほしいところなので、みなさんご協力お願いします。俺たちは事前準備がほとんど終わっているので、今は事前予約と出前の準備を手伝っています。事前予約については、吉田ゼミの学生づてに予約を取り、予約をいただいたお客様に焼きそば券をお渡しするということになっています。出前については、熊谷と各サークルに販売営業をかけています。注文は、前日18時まで。注文が入り次第、みなさんに共有していきます」

焼きそばの試食、接客の練習、広報の周知徹底など、それぞれの担当者から共有事項が伝えられて、リハーサルオープンは滞りなく終了した。

現時点では、想像していたよりもはるかにいい出来になっている。

「みなさん忙しいなか、よく準備を進めてきたと思います。とは言え、本番は予想外のことが起こるものです。残り1週間、不測の事態が起こっても対処できるように、やり残しのないよう準備を進めてください」

文化祭当日、目覚めた俺は、自室の部屋のカーテンを開けてため息をついた。土砂降りである。台風が近づいていることもあり、数日前から天気の不安はあったが、ここまで悪

いとは。川越たちが気合いを入れて準備してくれたテントも、今日は活躍しそうにない。

学校に到着して、いよいよ開店。と言っても、ゼミで押さえた教室がキャンパスのはずれの棟にあるために、一般客がまったく来ない。幸い事前予約制度を取り入れていたおかげで、1日目の目標金額の半分は売り上げを見込むことができた。問題がそれだけで済めばよかったのだが、こういうときに限って、さらなるハプニングは訪れる。一部のゼミ生がシフトをすっぽかして店舗にやってこないのだ。俺は、時間になっても現れない連中への対応に追われた。その筆頭である富士見に電話をかける。

「おい、富士見。おまえの接客シフトの時間なのになんで来ないんだよ」

「だって、客全然来ねえんだろ?」と、ヤツは悪びれることもなく言った。思わず声を荒らげてしまった。

「先生に、チームワークが大事って言われただろうが!」

一瞬の間をおいて、富士見は話し始めた。

「おまえには悪いけど、俺、その話に納得できてないから。どうせ、就活なんて個人戦だろ? なんで、貴重な時間を使って学園祭のままごとをしなきゃいけねえんだよ」

学園祭に参加しようという話があったとき、一番拒否反応を見せたのは富士見だった。

「本気で力を入れてんのは、アホの熊谷やお人好しの深谷、それにおまえくらいだぞ。もう、そんなことテキトーにやれよ」

　そう言い残して、ブツッと電話は切られた。

「富士見君、なんて言ってたの？」

　俺のただならぬ様子に、深谷さんが心配をして声をかけてくれた。

「この店を一生懸命やってるの、俺たちだけなんだってさ」

　自嘲気味に俺は笑っていた。そうとう参った。１日目の営業時間があと1時間ほどで終わろうとしているのに、全体の半分にしか売上金額が届いていない。俺が全体の統括をすることなんて、どだい無理なことなのかもしれない。

「与野君、少し休んでおいでよ」という深谷さんの言葉に甘えて、控え室に戻ることにした。落ち込んでいると、４年の和光《わこう》先輩が声をかけてきた。

「青年、どうした？」

　和光先輩は、昨年の店長を務めた人物だ。俺は富士見とのやりとりを話して、相談に乗ってもらうことにした。すべてを聞いても先輩は驚かなかった。

「そんなことか。去年も同じようなことがあったよ。俺としては、富士見の言うことにも一理あると思うよ」

　こんなに俺たちが一生懸命準備してきたのに、ひどいことを言う先輩だと思った。

「仕事をすっぽかしたヤツのほうが正しいって言うんですか？」

先輩は首を振る。

「すっぽかしたヤツが完全に悪いよ。俺が言いたいのは、与野は本当に全員を巻き込んで、このチームを作ってきたのかということだよ」

黙って話を聞いていた。

「つまり、きみは全員とコミュニケーションをとっているつもりで、各リーダーとしか話をしていなかったんじゃないかと言いたいんだよ」

明らかに落ち込む俺を見て、先輩は１つのアドバイスを授けてくれた。

「昨年も同じことがあったんだけど、俺たちは１日目の終わりに徹底的に話し合ったよ。チームワークを築くっていうのは、逃げずに意見を交わし合うところから始まるんじゃないのかな」

「ドロップアウト」のときと同じだと思った。だとしたら、やることは決まっているじゃないか。

「先輩、ありがとうございました！」

和光先輩は、ひらひらと手を振りながら控え室から出ていった。俺は、ゼミ生全員に一斉招集の連絡を入れる。店じまいをしたあと午後６時半に、控え室に集合するように伝えた。

「みなさん、今日はお疲れさまでした。本日の売り上げは、全体の売り上げ目標の４割。８万円程度でした。天候に関しては仕方のないことなのですが、人為的な問題が起こってしまったことを非常に残念に思います。事前にシフトを決めたにもかかわらず、任されたシフトをすっぽかしてしまった人がいました」

　富士見が反応する。

「だったら、来なかった人間だけを呼び出して注意すればよかったんじゃないの？」

「富士見もシフトに来なかったよね。授業の一環でやっていることなんだから、それは無責任だよ」

「でも、この文化祭の活動に関して俺は納得していないから」と、相変わらず悪びれる様子がない。

「『就活は個人戦なのに、なぜチームワークが大切なのか』っていうのが、富士見の主張だったよな。そのことについて考えたんだよ。俺も、最初は『就活は個人戦』だと思っていた。たしかに、試験を受けるのは個人だし、内定をもらえるのもその人だけだから、個人戦と考えるのは正しいと思う」

「ほら、そうじゃないか」と、富士見は得意げにつぶやく。

「でも、内定するまでの道のりにはたくさんの人の協力があると思ったんだ。俺はきっと内定が取れたら、両親のおかげだとか、先生のおかげだとか、自己紹介やグループワークに付き合ってくれた仲間たちのおかげだと言う。たくさんの支えがあって、俺たちは就活をしているんだよ。それに**採用する企業の担当者は、チームワークを築くことができる人を求めていると思う。**それは、グループワークで他者との協力ができているかを見られていると習ったことにも重なっているだろ?」

　富士見は黙ってしまった。熊谷が口を開く。

「高校時代に所属していたサッカー部で言われたんだけどさ、チームワークって試合をするときにだけ役立つわけじゃないんだ。ふだんの練習の雰囲気も大事で、誰かがやる気がなかったり、違う方向を向いていたりすると練習効率が落ちてしまう。チームで頑張ってこそ、個人の活躍があるんだよ。だから、ゼミで学園祭に参加すると決めた以上は、全力を尽くしたい」

　川越も苦々しい表情で発言をした。

「夏休み明けにみんなの雰囲気を崩してしまって、本当に申し訳ないと思っている。遅刻をしてしまったときに、自分がこのチームに水を差してしまったなって後悔したんだ。だから、俺は設営の担当に立候補をしたんだ。罪滅ぼしになっていないかもしれないけれど……」

1時間ほど話し合いが続いた。ゼミ生同士で腹を割ったのはこれが初めてだったと思う。先生は俺たちにすべてを任してくれたらしく、口を挟むことはしなかった。

「明日も早いので、そろそろ1日目の反省会を締めたいと思います。必ずみんなで目標金額を達成しよう。今日はお疲れさまでした」

黙って教室から出ていこうとする富士見の背中に声をかけた。

「富士見、必ず目標を達成しような」

彼は振り返ることなく、その場を立ち去った。

学園祭2日目がスタートする。昨日の雨が嘘のように晴れ上がった。集合時間の1時間も前に控え室に到着。だが、先客がいた。熊谷が仕込みを始めていたのだった。

「与野、おはよう！　なにかしてないと落ち着かなくてさ」

俺も同じだった。

「実は、昨日言いすぎたんじゃないかって不安になってさ。あんまり眠れなかったんだよね」

それを聞いて、熊谷が吹き出す。

「おまえ、昨日は立派にリーダーしてるなと思ったのに、そんな心配してたの？　大丈夫だよ。仲間を信じろって」

温かい言葉だった。熊谷の言う通り、次々にゼミ生たちが集まり始めた。点呼の時間には、全員が集まっていた。富士見は相変わらず関心なさげではあるけど。

始業開始の30分前になる。シフト確認を終え、開店準備に取り掛かろうとしたときに、熊谷が口を開いた。

「では、ここで店長の与野光から、挨拶がございます！」

そういうキラーパスはやめろと、熊谷を睨むが本人はニヤニヤするばかりである。

「みなさん、おはようございます！　勝負の２日めの朝です。私たちは、『吉田焼きそば』を繁盛店にするという目標を掲げて、この１カ月やってきました。目標は、２日間で20万円以上の売り上げを作ることです。売値３００円の焼きそばに換算すると、７００食弱になります。残りの焼きそばを売って、売って、売りまくって目標を達成したいと思っております。どうか、みなさんご協力をよろしくお願い致します！」

この挨拶で、全員の士気はいっそう高まったようだ。そして、「吉田焼きそば」は開店した。

今日は店舗を外に出せたこともあり、滑り出しは快調である。呼び込みのメンバーも粘り強く声かけをしてくれている。

13時を越えた時点で、昨日の売り上げを超えた。だが、昼をすぎていち段落するとどうしても売り上げは伸び悩んでしまう。なにか手はないだろうか。思い悩んでいるときに声をかけてきたのは、富士見だった。

「アカペラサークル15、ドイツ語サークル8、アイドル研究会10、麻雀《マージャン》部8、日本史研究会5、手話サークル20、ボランティア部32。合計98だ」

急なことで飲み込めなかった。

「文化系のサークルの友達に声かけといた。熊谷と川越って、体育系ばっかりに声かけてただろ？　文化系も押さえなきゃ、目標金額を達成できねえよ。できあがり次第もっていくって約束しちまったから、熊谷にとっとと作らせてくれよ」

富士見はぶっきらぼうにそう言って、接客の準備を始めた。

「力を貸してくれてありがとう！」。素直に感謝する俺に富士見は、「俺が協力してやればざっとこんなもんだよ」と、なんともないようにうそぶいた。

富士見の大口契約のおかげで、売り上げはその後も伸びていった。

昨日は、サボっていた富士見以外の連中も、心を入れ替えて働いてくれたおかげで目標の７００食にかなり近づいていた。

熊谷はゴールが近づいてきたことで、少し欲が出てきたらしい。

「タイムセールをやろう。２００円に値引きして売るんだ」

俺も、そういう提案は嫌いじゃなかった。すぐに連絡網にメッセージを入れることにした。

「みなさま、お疲れさまです。ご尽力のおかげで残り約１００食となりました。これから価格を２００円にするタイムセールをおこないたいと思います。最後の告知、呼び込み等よろしくお願いします！」

「了解」「ラジャー」「ガッテン！」と次々に返信が集まってくる。みんなの協力のおかげで、最終的に７００食まで売り上げることができた。

片付けを終えて全員が控え室に戻ったときには、外は真っ暗になっていた。控え室で座り込む俺たちに、深谷さんから売り上げ報告がおこなわれた。

「前売りが４００食。一般価格が２５０食。タイムセールが50食。合計売り上げ、20万５０００円の売り上げとなりました」

ギリギリ目標が達成できた。俺は安堵して、床に仰向けに寝転がった。仲間たちからは歓声が上がっている。ここで、ずっと黙っていた吉田先生が立ち上がった。

「みなさん、本日はお疲れさまでした。ピンチを乗り越えて、予定数を完売してしまうとは驚きました」

熊谷と川越が誇らしげに顔を見合わせている。

「今回、みなさんには座学で学んだことの実践として『吉田焼きそば』を経営してもらいました。この経験から身をもって、お金を稼ぐ大変さや創意工夫する大切さ、協力から生まれるパワーの大きさを実感することができたのではないでしょうか。この店を繁盛店にできたということは、着実に社会人としてのスキルを身につけているということになります。自信をもって、ゼミ活動に励んでいただきたいと思います。さて、明後日は『吉田焼きそば』の打ち上げです。打ち上げ費用は、この2日間の利益からまかなわれます。存分に楽しみましょう！」

一時は崩壊しかけたゼミの絆であったが、目標を共有し、全員が結果を求めることで、今まで以上に結束力が高まったと思う。

寝転がって天井を見上げていた俺に、手を差し伸べた人がいた。

「おまえが一生懸命やっていたのに、水を差して悪かったな」

富士見の手だった。俺はその手をしっかりとつかんで起き上がり、「ありがとう」と言った。

「構成力」を身につけてESを攻略

文章を書く際には「構成力」が重要になります。そしてこの「構成力」をアップするためにおこなうのが、4コママンガを使った練習になります。まず、4コママンガは新聞にも毎日掲載されているので、それを切り取るなどして、左図のような用紙を作成します。4コママンガは普通のマンガに比べ吹き出しが少ないですが、起承転結がしっかりしているので、自分なりに1コマずつ解釈し、その説明を文章で書いてみましょう。1コマにつき5行程度でよいので、短い文章ではありますが、これを繰り返し練習することで、物語はどのような流れでできているのか、ということが把握できるようになります。そうすることで、自分が文章を書く際にも、自然と書く順番が身についていることを実感できるはずです。そして、起承転結やストーリー性のある文章が書けるようになっていきますので、エントリーシートのような長い文章を書く時にも困ることはなくなるでしょう。そしてこの力は、面接で自分の思いを話す際にも使うことができます。どんな質問にも、焦らずに頭の中で順序立てて話すことができるようになっているはずです。

○○○○○○○○○

㊀起

承

転

結

7章

頭のいい奴らに勝つ面接術

15秒以内で話しきるレッスン

今年も残すところ1カ月となった。クリスマスムードに学内は浮ついているが、ゼミ生たちはここからが正念場。今日からいよいよ面接の準備を始める。

「みなさんこんにちは。今日からいよいよ、面接について学んでいきたいと思います」

2月に面接をしたころと比べると、学生たちはずいぶん精かんな顔立ちになったと思う。就職試験に向けて、髪を黒髪に染め直したとか、さっぱり髪を切ったという学生もいるが、そういう見た目の変化を言っているわけではない。目が輝いて自信に満ちた顔立ちになったということだ。深谷さんの困り眉も、ずいぶん見る機会が減ったように思う。

「いよいよ面接か」

熊谷君も出会ったころに比べると、落ち着きが出た印象だ。

「面接にも種類があります。大きく分けると２つ。１つは集団面接。もう１つが個人面接です」

深谷さんが「集団面接ということは、大勢の面接官にアレコレ聞かれるってことですか？」とうんざりした顔をしている。人前でボヤくことができるくらいになったのだから、これも成長したと言えるだろう。

「面接官が複数いるということもありますが、複数人の学生が並んで面接を受けることが一般的な集団面接です」

「どんなことを聞かれるんですか？」と与野君。

「おかしなことは聞かれません。『学生時代に力を入れたこと』とか『企業でどんなことを頑張りたいか』とか、そういうことですね。では、試しにやってみましょうか」

机と椅子を移動して、本番同様のシチュエーションを作る。

「まず右側に座っている５人に、こちらの特設ステージに移ってもらいましょうか」

言われるがままに、与野君を含めた５人が移動を始める。

「では、集団面接を始めます。与野君から順番に質問に答えてもらいましょう。質問内容は、『学生時代にもっとも力を入れたこと』です」

いきなり始まった面接練習に学生たちは動揺している。「どうぞ」という合図で、与野君が話し始めた。

「僕は、学生時代、ゼミとサークル活動に力を入れてきました。ビジネスコミュニケーションというゼミに所属しています。このゼミでは礼儀作法に始まり、コミュニケーションの原理原則を学んできました。同級生の仲間たちであっても、意思疎通することは難しいことを学びました。真剣に人と向き合えるようになったのはこのゼミのおかげだと思っています。

サークルでは、軽音楽サークルに所属して、スリーピースバンドでベースを演奏してきました。どちらのコミュニティでも友人たちと共に高め合うことができたという面で、大きな糧《かて》になりました」

彼が言い終わると、自然と拍手が起こった。この後ほかの学生たちも続き、5人が質問に答え終わると5分が経過していた。

「ずいぶん話せるようになりましたね。そこは素晴らしい。でも、みなさん不合格です」

熊谷君はブーイングをあげている。

「どこがダメだったのか教えてください」と与野君。

「**みなさん話しすぎです**。集団面接にかけられる時間は、1組10分程度。みなさんに与えられた時間は15秒程度と心得ましょう」

企業によっては順番が異なるケースもあるが、通常はＳＰＩやグループワークを越えた先に集団面接がおこなわれる。まだ個人面接が数回控えていることを考えると、集団面接の目的は候補者の数を減らすことにある。

「集団面接のポイントは３つ。まずは、いま話した通りどんな質問にもコミットして15秒程度で答えること。２つめは、質問に対して明確に言い切ること。そして３つめは、正直かつ素直に答えることです」

みんなピンときていないようだ。

「難しい質問を受けることもあります。たとえば、『日韓関係を良好にするにはどのようにすればよいか？』と聞かれたとしましょう。「熊谷君はどう思いますか？」

彼は唸っている。なにか答えなければと必死で考えているようだ。ついに、「文化交流から始めて……」と、彼らしくないことを言い始めた。

「いいですか。**ポイントは15秒以内に、素直な意見を明確に言い切ること**です。５秒止まったら放送事故です。わからなければ、わからないと言えばいい。『いまのご質問に対しては、私の考えがまだまとまっておりません。学生生活はあと1年ありますので、しっかりと勉強をして考えてまいります』。こんなところでしょうか。カッコつけて答えを出そうとすると迷走してしまいます。半端な意見は揚げ足を取られるきっかけになりかねません」

就職試験で落ちてしまう人の多くは、このような仕組みやコツを知らない人だ。

「次に、個人面接についても話しましょう。個人面接でも、基本的には集団のときとポイントは変わりません。15秒以内と言っていたところが、少し延びるくらいに思っておきましょう」

深谷さんが手を挙げる。

「面接は何回あるんですか？　なるべく少ないほうがいいんですけど……」

「2回で終わるところもあれば、4回のところもあります。会社の規模や採用の仕方によって変わってきます」

「何度も面接することにどんな意味があるんですか？」という深谷さんの質問に答える。

「通常の場合、面接官は回を重ねるごとに担当者が代わっていきます。最初は30代の若い人事担当者。受験者と比較的年齢が近い人ですね。2回目は40代の部長クラス。3回目になると人事部長か役員。最終は取締役や社長がというように。それぞれの年代の面接官に揉まれていくわけです。最初は緩く、徐々に厳しくなっていきます。最終面接になると1時間かけて面接をする場合もあります。学生生活についてや志望動機のほかにも、興味や趣味などじっくり話して、この会社に合う人物かどうかや人となりを見るわけです」

「圧迫面接というのも聞いたことがあるのですが、個人面接と関係ありますか？」と与野君。

「それも個人面接の1つのスタイルですね。文字通りプレッシャーをかけられます」

あからさまに嫌な顔をする学生たち。深谷さんにいたっては下を向いてしまった。

「すべての企業が圧迫面接をするわけではないですが、それをする場合は、企業には明確な狙いがあります。受験者のメンタルを試しているんです。本気で受けているのか、それとも覚悟が決まっていないのか。みなさんを動揺させる質問をするわけですから、当然答えにくい質問が飛んできますよ」

与野君が恐る恐る「どんな質問ですか？」と口にする。

「では、自分に問われていると思って聞いてください。『もしうちの会社に入れなかったらどうしますか？』」

学生たちは本当に会社に入れなかったことを想像しているらしく、みんな言葉に詰まってしまった。

「難しく考えることはありません。『私はこの会社一本しか考えていません。ほかを一切受けずにきたので、是非とも採用してください』と言い切ればいいのです。入社したい気持ちを素直に話せばいいのです。『私は御社に対して小さいころから親しみを感じていました』と。ほかにも嫌なことを聞かれることでしょう。『グループワークでは生き生きしていたけれど、面接では急に話せなくなったね？』とか、『どこにも内定もらえなかったらどうする？』とか。『アルバイトとしてなら入ってもらって構わないよ』と言われることもあるかもしれない」

　過激な質問の連続に「パワハラだろ」と、熊谷君が文句をつける。

「でも面接官の意図がわかって、対策をしていけば、なんてことないですよ。素早く質問にコミットして、素直な意見を明確に言い切るということがすべてなのですから。その企業に入りたいのだから、なにを言われてもその心意気を曲げずにぶつけたらいいのです。そのために相手の手の内を教えているんです。なにも恐れることはありません」

「面接にも、必勝法があるんですよね？」と、深谷さんはすがるような目でこちらを見ている。

「いいえ。これで仕組みはすべてお伝えしました。なにをそんなに不安げな顔をしているのですか？　みなさんはすでに武器を手にしているじゃないですか」

「ここにきて見捨てるんですか！」と熊谷君は叫びに近い声をあげる。

「みなさんは春から、コミュニケーションについて学んできました。自己分析をして自身を見つめ、自己紹介で表現力を磨き、ＳＰＩや文章の書き方を学ぶなかでさまざまな知識や技術も身につけてきましたね。エントリーする企業を決めて、自分を売り込むべき相手のことも知っています。そして、何度もおこなってきたグループワーク。ここで、話すこと、聴くこと、相手の意見に対して受け答えすることを学んできました。このすべてのステップが面接につながっています。みなさんは知らず知らずのうちに、面接で話ができるようになっていたのです。先ほど『長い』とは言いましたが、与野君は以前に比べるとずいぶん面接に対応できる話し方ができるようになったと思います。それは、ほかのみなさんも同様です。あとはどれだけ場数を増やすかという戦いになってきます」

就職シーズンのスタートまで残り３カ月。これから準備をしても十分に間に合う。面接準備が整えば、いつでも彼らは出陣することができるのだ。

いよいよ３月。本格的に就職活動がスタートした。俺は今日初めて企業説明会に参加することになった。訪れたのは大手就職採用サイトが主催する合同説明会だ。熊谷と深谷さ

んもこの説明会に参加するということだったので、会場である東京ビッグサイトの最寄り駅で合流しようということになった。俺は、集合時間の15分前に駅に到着。ホームに降りると、同じ説明会に参加する学生たちに揉みくちゃにされた。改札を出ると、深谷さんを見つけた。

「おはよう。待たせちゃったね」

見慣れていないリクルートスーツ姿に少しだけドキッとする。

「おはよう。全然、気にしないで。私、心配性だから、集合時間の1時間も前に着いちゃってさ」

深谷さんは照れ笑いを浮かべながらそう言った。

「スーツ似合ってるよ」

このゼミに入ってから一番綺麗になったのは、深谷さんだと思う。1年前に出会ったころは、化粧っ気もなく、縁の厚いメガネに、重たいロングヘアで、どちらかというと野暮ったい感じだった。表情も乏《とぼ》しく、いつも困ったような顔をしていて、授業のグループワーク以外で誰かと話しているのをほとんど見たことがなかった。その彼女がイメチェンをしたのは、今年1月のこと。新年1回目の授業に、髪をショートヘアにバッサリ切って、メガネもコンタクトに変えて現れた。化粧もゼミ仲間から教わったらしく、別人のようになっていた。本庄や三郷などの女子連中から「かわいいよ」と褒められて赤くなっていた。最近では表情もずいぶんと明るくなってきたと思う。

「そんなことないよ。着慣れていないから全然しっくりこないよ。与野君はよく似合ってると思うよ」

そうだ。スーツの話をしていたのだ。正直、少し彼女に見とれていた。

「よう！　おふたりさん。これからデートですか？」

振り返ると熊谷がいた。見とれていたことを誤魔化すつもりで「遅えよ」と言った。

「集合時間よりも5分も早く着いたのに、『遅え』はないだろう」

腕時計を確認しながら熊谷は怪訝そうにした。

「そろそろ行こう」と2人を促して、俺たちは会場に向かった。

ビッグサイトに到着。時間があったので、会場内を散策することにした。

「それにしてもすごい人の数だな。関東の学生全員がここに集まっているんじゃないか？」

「熊谷君、東京の学生の数だけでも、70万人以上いるっていうから、それはないと思うよ」

コントのようなやりとりを横に、周囲を見回すと、パーテーションで仕切られたブースはスーツ姿の学生たちで埋め尽くされている。ブースでは、集まった学生に向けて企業が自社の会社概要や事業内容の説明をしてくれるということだ。さらに先輩社員から就職活動の心得や試験対策についても聞くことができるため、モチベーションを高めるためにもいい機会だと思った。

「おっ、そろそろ興味のある企業の説明会が始まるから、行ってくるわ」

熊谷がそう切り出したのをきっかけに、それぞれ別行動することになった。俺の参加する説明会は本命の大手コンビニ。早めに並んでおかないと、いい席を取られてしまう可能性が高い。開始の1時間前と少し早いが、並んで待ちながらゼミの授業の復習でもして時間を潰そう。

説明会のブースを訪れると、すでに数名の学生が並び始めていた。俺もその列に加わる。バッグからノートを取り出して、先日習った説明会の心得を復習することに。文字を追っていると、教室の情景と吉田先生の言葉がフラッシュバックしてきた。

「さて、今日は説明会の有意義な活用法についてお教えしましょう」

「説明会って行かなきゃ内定もらえないんですか?」と、熊谷が疑問を呈する。

「そんなことはありません。でも、ホームページに書かれていない社員の生の声を聞ける場でもありますし、志望する企業がどんなところなのかを肌で感じるいい機会になります。参加して損はないでしょう。それに、説明会の振る舞い方次第では、試験でアドバンテージを得られることもあります」

先ほどまで、説明会に対して消極的だった熊谷も興味を示した。

「では、熊谷君。説明会をしてくれるのは、どんな人でしょうか」

「そりゃ、会社の人でしょ。先生がそういうってことは、内定を取るためのカギになる人が来てくれるんですよね」

吉田先生は頷いて話を進める。

「その通り。あなたの面接をする可能性のある人事担当者がそこにいるのです。つまり、説明会をうまくアピールの場にすれば、内定が近づくと言えます。そのために、これから3つの心得とプレゼントを1つお渡ししたいと思います」

そう言うと、先生は1人1人に小さな箱を渡してくれた。

「箱を開けるのはまだですよ。では、**心得その1。『説明会は、最前列の席に陣取るべし』**です。説明するまでもありませんが、後ろに座っている学生よりも、近い席に座っている学生のほうが印象に残ります。積極的にメモを取り、質問があったら挙手をする。一方的に話を聞く説明会の場でも、相手に印象を残すことは十分にできます」

ふと、現実に戻る。企業の担当者から、「開場しますので、前の方から詰めて座っていってください」というアナウンスが入った。当然、そのつもりだ。

説明会は時間通りに始まった。初めに挨拶をした人事担当者の中田さんという名前をメモしておく。企業の歴史にまつわる映像を見せられてから、事業展開についての話、各部署の先輩社員の話などを聞いているうちに、あっという間に時間はすぎていった。質疑応答のコーナーで挙手をしたが、残念ながら当てられなかった。だが、俺は落ち込まない。なぜなら二の矢、三の矢を用意しているのだから。

吉田先生の話がよみがえる。

「では、**2つめの心得について。それが『説明会後に担当者に挨拶に行くべし』**です。説明会に行ったら、積極的に質問をするのもアピールとしては有効ですが、大勢が参加する会なので、質疑応答の時間を取ってもらったとしても、自分にマイクが回ってこない可能性があります。終了後に挨拶に行けば、それを十分に補うほど印象を残すことができます。その挨拶の際に武器になるのが、先ほどみなさんにお渡しした小さな箱の中身です」

開けてみると、「狭川学院大学3年　与野光」と書かれた名刺が入っていた。手作り感満載で、正直言って少し安っぽい。

「すごくありがたいんですけど、せっかくならもっとカッコいいもののほうがよかったんじゃ……」と、熊谷が言葉を選びつつ先生に言った。

「そう。**それが3つめの心得。『説明会後の挨拶では、手作り名刺を渡すべし**』です。名刺を渡すことには２つ狙いがあります。１つは、形として名前を覚えてもらうこと。２つめは、相手の名刺をもらうことです。名刺をもらうことができたら、その日のうちに必ずメールを入れるようにしましょう。連絡が返ってきたらラッキーです。相手があなたの存在を認知しているということですからね。相手に自分を覚えてもらうということは、落とされにくさにつながってきます。仮にあなたが面接試験で当落線上にいたとします。あなたは説明会で挨拶をした知っている学生、もう１人はまったく知らない学生だとしたら、人事担当者はあなたを推してくれるはずです」

「手作り名刺というのはなぜですか？」と、深谷さんが質問した。

「業者に注文したきっちり名刺を渡したとします。面接官はあなたに対して『手慣れてますね～』という印象をもつかもしれません。それよりも『自分でパソコンを打って、作ってきたんだな』と思われたほうが、親しみを感じてもらえると思いませんか？　それに、みなさんは学生です。就活は長丁場ですし、交通費だけを考えてもお金がかかる。名刺にお金をかけるくらいなら、エントリーシートの証明写真を写真館で撮ってもらうとか、必要経費に割くべきです」

現実に戻る。質疑応答で当てられなかった分は、説明会後に取り返してやるという思いで、会の終了を待った。

「本日は、弊社説明会にご参加いただきましてありがとうございました。選考でみなさんにお会いできるのを楽しみにしています。それでは、お忘れ物のないようにして気をつけてお帰りください」

人事担当者の最後の挨拶が終わり、スーツ姿の学生たちはゾロゾロと立ち上がった。俺も立ち上がって、先ほど話をしてくれた人事担当者を一直線に目指す。だが、俺は出遅れていた。すでに彼は何人かの学生に囲まれていた。渋々挨拶の列に並び、自分の番を待つ。

「本日は素敵な説明会に参加させていただきましてありがとうございました」

自分の番がきたのは、列に並んで５分くらい経過してからだった。人事担当者は、愛想よく対応してくれた。

「私は、狭川学院大学３年の与野光と申します。御社を第一志望に現在、就職活動をしております」

礼をして、あの手作り名刺を渡す。「ほう」と言いながら、彼は名刺を交換してくれた。中田と書かれている。

「ホームページで見ているだけではわからないことを直接知ることができて、大変勉強になりました。質疑応答のときにお時間の関係で聞けなかったことを、お聞きしてもよろしいでしょうか？」

「どうぞ」と、人事の中田さんはにこやかに先を促す。

「中田さんご自身は、入社試験を受けるまでに特別に準備されたことはありますか？　どんなことを勉強するといいというアドバイスがありましたらいただきたいです」

「そうですね。私は、特別なことはしなかったかもしれませんね。ただ、毎年たくさんの学生さんとお話をしていると、なにか秘められたパワーをもっているのに、もったいなくもそれを発揮しきれずに試験を終えてしまう方がいるように思います。時間は限られていますが、あなたらしさを発揮していただければ、悔いのない面接になるのではないでしょうか」

つまりは、自己分析と素早く相手の話にコミットする力が求められているということだろう。

「ありがとうございました。面接でお会いできるようにしっかりと準備を進めてまいります」

「お会いできるのを楽しみにしています」と言ってくれた中田さんに、深く一礼をして、俺はその場を後にした。


それから、気になった企業の説明会に参加しては同じ戦法を繰り返した。挨拶に行くだけのことなのに、やってみると意外に勇気がいる。これも面接試験のリハーサルとして役に立ちそうな経験だなと思った。

15時を回ったところで、熊谷から電話がかかってきた。

「いま、深谷と合流したんだけど、与野はまだ説明会回るつもりある?」

「いや、行きたいところは大抵回れたから、俺はもう満足かな」

「じゃあ合流してメシでも食おうぜ」

というわけで、近くのファミレスで腹を満たすことになった。

「忙しそうだから、挨拶に行ったらウザがられると思っていたんだけど、意外にうまくいったよ」

熊谷はハンバーグプレートをもぐもぐ食べ進めながら、今日の収穫について話してくれた。深谷はパスタを巻きながら頷《うなず》いている。

「ところで、メールの文面ってなんて書けばいいんだろう？」

「そんなの決まってるじゃねえか、なあ深谷」

偉そうなことを言っている熊谷だが、要はこいつもその先を考えていなかったということだろう。深谷はため息をつきながら、提案してくれた。

「難しく考えずに、今日のお礼と意気込みだけ書いておけばいいんじゃない？」

それから、深谷に手伝ってもらって一緒に文面を考えることになった。出来上がったのが次の文章だ。

「中田様　東京ビッグサイトでの合同説明会に参加させていただきました狭川学院大学3年の与野光と申します。本日は、説明会だけではなく、説明会終了後にも丁寧にご対応をいただきましてありがとうございました。大変貴重なお話をお聞きできましたことで、御社を志望する気持ちが強くなりました。面接でお会いできるように今後も努力して参ります。今後ともよろしくお願い致します　狭川学院大学3年　与野光」

この文面で、中田さんをはじめ、今日名刺をもらった人事担当者にそれぞれメールを送付。その後は説明会を受けた企業についての情報交換や面接練習をしてすごした。

帰りの電車のなかで、スマホに通知があった。スマホを見てみると、あの中田さんからだ。

「与野様　本日は、弊社の説明会にご参加いただきましてありがとうございました。名刺をいただくとは思いませんでしたので、大変驚きました。試験会場でお会いできるのを大変楽しみにしております。体に気をつけて、頑張ってくださいね。　中田」

思わず、電車のなかで飛び上がってしまった。まわりの不審な目をよそに熊谷と深谷さんも一緒に喜んでくれた。

翌日、吉田先生が主催する「就活壮行会」が学校の近所の定食屋でおこなわれた。

「みなさん、もうすぐ最終学年となる4年生になります。これまでみなさんは、世の中の仕組みを学び、コミュニケーションを学び、自己紹介、グループワーク、面接などさまざまな就活のテクニックを身につけてきました。この1年間は、決して順風満帆でもなかったと思います。これから就活が本格化するなかで、これまでとは比べものにならない壁が立ちはだかるかもしれません。でも、みなさんはこの1年間、人生で一番努力をしてきたのです。そんな人たちが壁を乗り越えられないはずがありません。私は自信をもって、みなさんを送り出せます。今日はしっかりと英気を養って、戦いに備えてください。それでは、乾杯！」

ゼミに入ったころは、「居酒屋でバイトをしているから、将来、飲食店の店長になりたい」と言っていた熊谷は、いま、ＩＴ業界に絞って就活を進めているという。なかでも、ソフトウェアの開発に興味があるらしい。

「俺が1日のうちで一番時間を割いていることを考えると、スマホを触ってることが多いなって思ったんだよ。ネットショッピングとか、音楽アプリとか、ソーシャルゲームとか、そういうソフトウェアに関わる仕事なら続けていける気がしてさ」

と、志望理由を語っていた。そのほかには、ハードを製造するメーカーや販売する家電量販店などを志望企業にしたらしい。彼は、早々にベンチャー系のＩＴ企業の内々定を取り、いまは本命に向けて準備を進めている。

コミュニケーションに苦手意識を持っていた深谷は、総合商社、専門商社、証券会社、銀行などを志望していると聞いて、意外に思った。商社と言えば、国内国外を問わずさま

ざまな人たちと接するイメージがあったからだ。そんな疑問を彼女に投げかけると、
「コミュニケーションについて勉強していくうちに、だんだん好きになっていった感じかな。いまだに初対面の人と話をするのは緊張するけれど、コツさえつかめばそんなに怖いことじゃないんだってわかったの。このゼミに入ったからこそ、人と人との架け橋になれる商社の仕事に興味を持ったという感じかな」

ゼミに入った当時とは別人のような答えが返ってきたのだった。

みんなで、水の入ったコップを合わせる。
「必ず全員で内定を取り、もう一度気持ちのいい乾杯をするんだ！」

意気込んで、俺はグイッと水を飲み干した。

集団面接では15秒で伝えるべし

就職活動において、最後の難関とも言える面接試験。どの企業でも平均して2～3回はあると言われています。そしていずれも集団面接から個人面接へと進む場合がほとんどです。ではまず、集団面接ではどのようなことに気をつければよいのでしょうか。

一番大切なポイントは、「回答は15秒以内で」ということ。集団面接では、人数も多いため1人1人に与えられる時間は短くなります。その中で自分をアピールするためには、質問を投げかけられてから5秒以内に反応し、答えは15秒程度で発言しましょう。答えに自信がある質問の場合は、つい長く話したくなると思いますが、集団面接の場ではそれをぐっとこらえて、短く明確に答えられるように準備しておきましょう。その後の個人面接では、段階が進むにつれて与えられる時間も長くなりますので安心してください。

次のページでは、定番の「学生生活で力を注いだことは？」という質問に対しての回答例をいくつかご紹介します。これくらいの文章量だと15秒程度におさまりますので、参考にしてみてください。

「学生生活で力を注いだことは？」

回答例

例1 学業の場合

大学では「ビジネスコミュニケーションゼミ」に所属し、コミュニケーション能力の養成に力を注いでいます。現在ゼミを通じて、グループワークやディスカッションといった実践的なカリキュラムをこなしながら、ヒアリング力やスピーチ力、考える力を磨いています。

例2 校内活動の場合

大学３年の時には「学園祭実行委員長」として大学祭が成功するよう力を注ぎました。毎年2日間で約1万人の来場者を目指して開催されており、この全体を取り仕切る長として、1年以上の準備期間を経て仲間たちとともに無事大学祭を成功させました。

例3 アルバイトの場合

アルバイト先のカフェでどのようにしたら、売り上げを伸ばすことができるのかということに力を注ぎました。冬の期間は女性のお客様が増えることに気がつき、ブランケットの貸し出しを提案したところ採用していただき、リピーターの方が増えてくださいました。

8章

最終面接の極意

後悔しない当日の迎え方

「いよいよだな。頑張れよ！」

スマホに拓馬からのメッセージが届いていた。吉田ゼミに入ってからあっという間の1年2カ月。壮行会から5カ月がすぎて、7月になっていた。「去年のいまごろはライブに向けて練習していたな」と懐かしく思いつつ、ネクタイを締める。今日は、第一志望の大手コンビニの最終面接なのだ。

現状、5戦4敗。だが手応えはあった。2社は二次面接まで呼ばれた。ちなみに落ちてしまった理由は見当がついている。1社は大手デパートだったのだが、失敗すまいと強く思いすぎて、志望動機について、教科書を朗読するように話してしまったためだと思う。「ずいぶん面接の練習が行き届いていますね」と、嫌味を言われてしまったほどだ。スラスラと答えられるように意識しすぎて、面接もコミュニケーションであるということを忘れてしまっていた。

もう一社は、自分の話がまとまらなかったのが失敗だったと思う。百貨店の面接試験を受けたときのことだ。定番の質問には無難に答えられたのだが、ふいに、「好きな食べ物は？」と聞かれた。素直に「カレーライスです」と答えた俺に、面接官は「どこのカレーライスがおいしいの？」と質問を重ねた。「大学の近くにテレビで紹介されるほど評判のインド料理屋があります」と答えると、「では、その商品の素晴らしさを私にプレゼンしてもらえませんか？」と言われたのだ。通《ツウ》ぶって、地元の有名店の名前なんてあげるんじゃなかった。

実際、俺は1、2回行ったことがあるくらいで、プレゼンするほどの知識がなかった。学食のカレーがおいしいと答えたほうがまだ、自分らしさが出せたのではないかと思う。それでもなんとか、質問に答えないといけないと思い、頭脳をフル回転させながらプレゼンした。なんとかしようと努力はしたものの、話は冗長になり、自分でもなにを言いたいのか不明な話をしてしまったと思う。結果、不採用。「お祈りメール」が届いたわけだ。

1社、最終面接までたどり着いた会社もある。自信があったので、不採用通知がきたときには、かなり凹んだ。なにが悪かったのかわからなかった俺に、吉田先生は「最終で受かるかどうかは男女関係と同じで、企業との相性も関係してくる。最後まで進んだことを自信にしなさい」という励ましをくれた。この手痛い負けのおかげで、完全にスイッチが入った。それ以来、暇を見つけては「ドロップアウト」のメンバーを呼び出して、グループワークや面接の練習に付き合ってもらった。やることはすべてやったという気分だ。

今日、最終面接を受ける企業については、同じ失敗をするまいと準備してきたことが功を奏して、かなり順調に勝ち進んできたと思う。エントリーシートは、吉田先生の添削のおかげで難なくクリアできた。ＳＰＩは不安だったが、通過したということを思うと6割取れていたということだろう。

グループワークは〝死のグループ〟に入ってしまったと思う。大手企業ということもあり、学力ではまず肩を並べることがない有名大学の学生がゴロゴロといたのだ。見るからに賢くてリーダーシップのある早稲田の学生にリーダーを任せた。グループワークのテーマは「人間がＡＩに代替されないように身につけるべき能力とは」というものだった。先手をとって自己紹介もできたし、意見を言うこともできた。ちなみに俺の意見は、「人間には意志がある。よりよいものを作るために疑問をもったり、工夫したりできるのが人間のよいところだと思う。そのための想像力と創造力を身につけるのが大事なのではないか」というものだった。冒頭から積極的にグループワークに参加したことで、存在感を発揮できたと思う。サブリーダーとして、全員の意見を引き出せるようにリーダーをサポートできたし、時間内にチームの意見をまとめることもできた。

次に待ち受けていたのは、集団面接だった。心がけたのは、素早く端的にはっきりと答えること。立派な意見は言えなかったと思うが、コンパクトに答えられた。まわりの学生が言っていることに気を配る余裕さえあった。

就職試験に慣れてくると不思議なことが起こる。控え室に待機している姿を見ただけで、誰がツワモノなのかがおおよそ見分けられるようになるのだ。なんというか、できるやつらというのは、いい面構えをしている。これまでに準備してきたことに自信を持っているのが見た目から伝わってくる。そういう人間は、プレッシャーをかけられても簡単に崩れない。中途半端な覚悟の志望者を落とす圧迫面接が、次のステージで待っていた。準備した甲斐があって、圧迫だとわかった瞬間にニヤけてしまいそうだった。

「与野さんは、内定が取れなかったらどうするの？」

「うちでなくてもできることだと思うけれど」

など、動揺を誘う質問が次々に投げられた。第一志望だけに、企業について隅々まで調べてきたし、自分の芯がブレることはなかった。「俺は本気だ！」という強い気持ちで挑んだ結果、個人面接に進めたのだと思う。

先週、二次面接を受けた。ロックが好きだという営業部長に「ドロップアウト」の活動で得られたものを必死に伝えた。

「一節歌わせてください」と、最後の自己PRでサビだけ歌わせてもらった。

「いや～元気がいいね。歌は下手くそだけど」と、歌唱の評価は低かったが、持ち札をすべて使い切り、ファイナルラウンドに進出することができた。

そして、ようやく最終面接までやってきた。忘れ物がないことを指差し確認してから家を出た。

東京都内に向かう電車内はサラリーマンでごった返している。ふだんなら嫌で仕方ない満員電車だが、自分も来年から彼らの仲間入りをするのだと思うと、いつもと感じ方が違う気がした。イヤホンをはめて、音楽プレイヤーから曲をかける。聞いているのは、自分たちのライブ音源だ。友彰が昨日、「光らしくやってこい。応援してるよ」というメッセージと一緒にメールで送ってくれたものだ。改めて聴くと演奏は不完全で、やっぱり下手くそだ。だが、熱意に溢れていて、俺たちのキャラクターがよく表れていると思った。

ちなみに、拓馬も友彰も俺の姿を見て、就活を始めた。拓馬は、もう少し絞ればいいのにというくらいの企業の数を受けている。「どんな問題が出題されるのか、おまえのために情報を集めてくる」と言って、就活をゲーム感覚で楽しんでいるようだ。友彰は、「自分のためにもなるから」と、進んで俺の面接練習に付き合ってくれた。

　ゼミ外にもこういう伴走者がいることを心強く感じる。自分の就活がうまくいっているのは、この2人の協力によるところも大きい。面接練習中に、少しでもカッコつけたことを言おうとすると、友達目線で「なに言ってんのかわかんねぇ」とか「それ、本気で言ってるの？」とツッコミを入れてくれる。彼らが俺の本音を引き出してくれたのだ。

　新宿駅に着き、電車を乗り換える。集合時間までまだ2時間もあった。会場の近くに着いたら、カフェにでも入りエントリーシートを見返そう。

　今朝の朝刊のチェック、エントリーシートの確認、身だしなみを整えるなど、直前の準備をしているうちに、あっという間に集合時間20分前になっていた。いざ出陣だ。

　受付ロビーには、圧迫面接で世話になった人事担当者が待っていた。軽く会釈をして、声をかける。

「おはようございます。本日もよろしくお願い致します」

「よろしくお願いします。控え室に案内しますね」

　圧迫面接のときの印象とは大きく違う。こんなに爽やかな人だったんだと感動しながら、彼の後に続いた。

控え室に入ると、受験者がすでに何人か集まっていた。手持ち無沙汰で、スマホを見つめている人、ソワソワとして緊張が隠しきれない人、すごし方はさまざまだ。自分はというと意外にも落ち着いていた。自分より緊張している人を見ると、妙に落ち着いた気分になるというアレかもしれない。自分のすべきことは、どんな質問が来ても真摯《しんし》に答えることだけだ。なにも恐れることはない。

時間になり、人事担当者から試験結果の発表についての説明を受ける。そして、最終面接が始まった。自分が呼ばれるまでもう少し時間があるらしい。

本番を前にして、仲間たちの姿が次々に思い浮かんだ。内定を取り、胸を張ってみんなに会うのだ。

それから、しばらくして名前を呼ばれた。とうとう自分の番がきたのだ。席を立ち、面接会場への案内に従う。緊張はしていなかったが、廊下がこれほど長く感じるのは初めてだった。扉の前に立ち、ノックを3回。そういえば、吉田先生の研究室にも、よくこうしてノックをして訪ねていたっけ。

「どうぞ」

答える声は、吉田先生のそれではなかったが、落ち着いた温かみのある声だった。

「失礼致します」

そう言って、扉を開くとにこやかな表情をした恰幅《かっぷく》のいい男性が座っていた。机の前には取締役の札が置かれていた。用意された椅子の前に立ち、挨拶をする。

「狭川学院大学4年、与野光と申します。よろしくお願い致します」

自分で言うのもなんだが、自信に満ちた声だったと思う。「どうぞお座りください」と促され、腰をかけた。

「それでは、面接を始めましょう。まず、弊社を志望された理由についてお聞かせください」

「私は、高校時代から地元の『滑川商店』という個人商店でアルバイトをしてきました。業務は接客や商品発注です。『滑川商店』は、おにぎりやサンドイッチ、お弁当などの食品やお茶や牛乳などの飲料、生活雑貨だけでなく、夏には花火や虫取り網、お正月には羽子板や独楽など、季節に合わせた商品を取り揃えています。私の住んでいる街は、車を出さないとスーパーマーケットに行くのも苦労するような郊外にあります。そのため『滑川商店』は、地域の人たちにとってのコンビニなのです。自分たちが用意した商品を手にとって喜んでくださるお客様の顔を見ると『なんて有意義な仕事なんだろう』と思いますし、郊外における、**コンビニエンスストアの役割の大きさを学ぶ経験にもなりました。コンビニは人の生活を助け、笑顔を作る生活に欠かせないインフラだと思っています。**より多くの人の助けになる仕事をしたいと考えたときに、国内だけでなくグローバルに展開をしている御社で働きたいと思いました」

　自己分析を重ねて、自分の働く意義を見つけた。その思いをこの志望動機に込める。

「あなたにとって働くことは、どのような意味を持ちますか？」

「**私にとって働くことは、自分の能力を生かして社会貢献することだと思います。**学生と社会人の違いをひと言で言うと、『お客様』か『サービスする側』か、だと考えております。

　私は、就活を始めるまで、親に大学に通わせてもらえるのは当然の権利であり、大学の先生に授業をしてもらえるのも当たり前だと思っていました。自分に至らないところがあると、誰かのせいにしていました。でも、ビジネスコミュニケーションゼミに入ってから、その考えが変わりました。私の通う大学は、偏差値が高いわけではありません。『なぜ勉強が苦手になってしまったのか』という話題になったときに、私は『有名大学の学生は裕福な家に生まれたから』『丁寧に教えてくれる先生に出会えなかったから』などと環境や他人のせいにして、自分の弱さと向き合おうとしませんでした。先生はそれに対して、『きみは、ただ口を開けてエサを待つ雛鳥と同じです』とおっしゃいました。人生を振り返ってみると、たしかに自分がしてもらったことはすぐに思いつく一方で、してあげたことはまったく思いつきませんでした。そのとき、今度は自分が社会に対して恩返しをする番だと思ったのです。

それ以来、自分で考えて行動するように意識して生活するようになりました。主体的に取り組むようになってから、学生生活においても、アルバイトにおいても充実感が増したように思います。**人に喜んでもらえる喜びを知ることができたから**です。私は、仕事を通して、多くの人と喜びを共有できる人間になりたいと思います」

それから、「どの職種を希望するか？」「同業他社ではなく弊社を選んだ理由は？」「キャリアプランはどのように考えているか」など志望動機についての質問が続いた。だが、なにを聞かれても怖くない。すべて吉田先生やゼミの仲間、「ドロップアウト」のメンバーと練習済みである。

「では、学生時代に力を入れていたことをお教えください」

「学生時代、力の入れ方としては、学業３割、サークル活動４割、アルバイト３割という状況だったと思います。サークル活動は軽音楽サークルに所属しておりまして、『ドロップアウト』というスリーピースバンドを組んでおりました。私は、大学時代から始めたベースの担当です。

なかでも思い出に残っているのは、3年生の夏に、バンドメンバーと演奏旅行をしたことです。学校の最寄り駅から、沿線を1駅ずつストリートライブをしながら回ったのです。演奏に対するチップをいただかないと次の駅に進めないというルールを課しました。そこで、お金をいただくことはなんて難しいことなのかと痛感したのです。仲間たちと協力してアイデアを出し合い、パフォーマンスできたことは、貴重な経験になりました。加えて、人の温かみを知ることができた旅でもありました。いただいたチップは、旅の最後に3人で募金しました」

自分にしか話せない自分の話をする。

「お金とは、あなたにとってどのような存在ですか？」

「お金は、人生を豊かにする便利な道具だと思っています。お金を持っていれば、鈍行より新幹線。新幹線よりも飛行機と素早く移動し、時間を有意義に使うこともできますし、旅先ではホテルの広い部屋を借りてゆっくりと体を休めることもできます。旅先で体験をする機会を買うこともできますし、詳しく知ろうとしたら書籍や講習会に参加することもできます。そういったコミュニティで新たな人との出会いができるかもしれませんし、そうした出会いによって新たなビジネスチャンスが生まれるかもしれません。**だから、お金を稼ぐことには意義があると思います**」

これは、完全に吉田先生の受け売りである。本当に聞かれることがあるんだなと、先生のすごさを改めて思い知らされた。

「学業についてはどんなことに力を入れてきましたか？」

「一番力を入れたのはビジネスコミュニケーションというゼミです」

「どんなことを学びましたか？」

この質問を受けた瞬間、「さて、伝家の宝刀を抜くときがきましたよ」という先生の声が聞こえた気がした。

「ビジネスマナーをはじめ、コミュニケーションを学問的に学んできました。その成果の1つが自己紹介です。お聞きいただいてもよろしいでしょうか？」

「では、やってみてください」

俺はうなずいて、立ち上がる。壁にかけていた時計が目に映った。時間は、12時11分56秒。3、2、1……。息を吸い、始めた。

「①はじめまして。これから私の自己紹介をさせていただきます」

心のなかで番号を唱えながら進めていく。

「②私の名前は与野光と申します。③与野の与は与える。野は野原の野。光は太陽の光の一字を書きます。世の中の光となりそうな名前をもらえて親には感謝しています。④出身は埼玉県で平里山村から出てまいりました。⑤狭川学院大学4年生です。⑥趣味はベースの演奏と旅行することで、⑦最近のマイブームは、中国語の勉強をすることにハマっています。就活を終えたら検定試験を受けようと思っています。⑧今後は、御社のサービスを過疎の地域にも浸透させて、コンビニをライフラインとして大切な場所にしてもらえるように頑張りたいと思います。⑨本日は、このような機会を設けていただいて心より感謝申し上げます。今後とも与野光をよろしくお願い致します」

深く一礼をして時計をチラ見すると、ぴったり1分だった。

「ほう」という表情でこちらを見てくれている。それから2、3質問を受けて、速やかに答えた。

「最後になにか言っておきたいことはありますか?」

なんだか、懐かしい響きがする。あのころは、そう聞かれてかなりパニックを起こしたが、もうあのころの俺ではない。

「私は、いままでトリオでバンド活動をしてきました。これからは、御社とコンビになってお客様によりよいサービスをお届けしたいと思っています。……コンビニだけに。どうぞ、よろしくお願い致します！」

拓馬から授けられた渾身のギャグだった。取締役がニヤリと笑ったところを見ると、ほどほどにウケたらしい。

「お疲れさまでした。ありがとうございました」と言われて、退出を許される。最後に深々と礼をして、会議室を後にした。

第一希望の企業の面接を終えた俺は、心ここにあらずという状態だった。結果は封書で届くということだったので、毎朝早起きしてポストを確認するのだが、なかなか届かない。文通相手からの連絡を待つ少女のように恋い焦がれる気分だった。

夏休み前の試験期間に入ってしまったため、授業で気持ちを紛らわせるわけにもいかない。そこで、ゼミの仲間たちを就活勉強会と称して、大学の近くのファミレスに誘うことにした。俺はいい友達をもったと思う。熊谷ら、4人が集まってくれた。結果発表を待っていることを知って不安な気持ちを察してくれたのだろう。

店に入ると、熊谷と深谷が到着して、席をとってくれていた。

「最終面接どうだったよ？」

熊谷が開口一番聞いてくる。

「手応えはあったんだけど……このまえもいいと思ったのに落ちちゃったからさ、落ち着かなくて……」

「その気持ち、超わかるよ」

熊谷のそのひと言に少し救われた。こういうときに仲間がいると心強い。深谷も俺の気持ちに共感したらしい。

「来週、私も第一志望の二次面接なんだけど、本命の試験ってプレッシャーが違うよね」

少し困り眉になっている。俺は彼女を勇気づけるように言った。

「深谷なら大丈夫だよ。こんなにしゃべれるようになったんだからさ」

人を励ますと、自分も少し元気になった気分になる。そこに、富士見と三郷がやってきた。

「お待たせ。本命企業、最終までいったんだって？　すごいじゃん」

三郷が素直に褒めてくれるのだが、俺はひらひらと手を振る。

「いやいや、まだ内定したわけじゃないから。正直、試験が終わってから不安で寝つきが悪いんだよね」

フライドポテトとドリンクバーという鉄板のセットを頼んで、就活トークに花を咲かせた。富士見は早々に内定を決めて就活を終了。食品メーカーに就職するらしい。熊谷も早々に1社内定を取ったのだが、以降は意外と苦戦しているということだ。

「テンションが上がると、ついカッコつけたこと言おうして、自爆しちゃうんだよな」

「よかったら、夏休み中も面接練習付き合うよ」

俺の申し出に、熊谷は「心の友よ～」と言って喜んだ。仲間と話していると、少しだけ不安が消えていくような気がした。その日は、グループワークの練習と面接の練習をして、解散した。

それから4日後、運命が書かれた封書が届いた。待ちに待った連絡なのに、ひとりで開ける勇気がない。拓馬に連絡すると、すぐに電話に出た。最終面接が終わってから、毎日のように不安を口にしていたためなのか、彼なりに心配してくれていたのだろう。用件を話すと、少し間を置いて、「じゃあ、俺たちが見届けてやる」と言ってくれたのだった。友彰も今日は空いているらしい。10時に部室に集合して、選考結果の確認に付き合ってもらうことにした。

シャワーを浴びて、着替えをして、朝食を食べる。母親が気にしてあれこれ聞いてくるが、上の空だった。食べ物が喉に通らないというのはこういうことなのかと思う。大学に行ってくると言い残して、ショルダーバッグに封筒を入れて家を飛び出した。今日はバッグが妙に重く感じた。

時間ぴったりに部室に入ると、2人は腕組みをして待っていた。俺よりも重苦しい表情をしている。落ちたとき、どんな言葉をかけるのか相談でもしていたのだろうか。

「遅えぞ！」

拓馬がいつも通りを装うが、さまになっていない。

「時間通りだろ」と、せっかく俺がツッコんでいるのに、リアクションが薄い。

「俺のわがままに付き合わせて悪いな」と言って、封筒を取り出す。

「前置きはなしで一気に行こう」

拓馬は自分のことのように、意を決した様子で言った。部室にあるハサミで封筒の口を切ると、数枚の3つ折りにされた書類が。そこにはこう書かれていた。

「拝啓　貴殿におかれましてはますますご清祥のこととお慶び申し上げます。

このたびは、弊社の社員募集にご応募いただき、誠にありがとうございました。厳正な選考の結果、貴殿を採用内定といたしましたので、ご連絡申し上げます。

つきましては、下記の書類を同封いたしましたので、ご確認の上、署名・捺印し、期日までに同封の返信用封筒にてご返送ください。
まずは取り急ぎ、採用内定のご通知を申し上げます　敬具」

――内定だ。

試験当日の心構え

グループワーク、集団面接、個人面接を通じて、試験当日におこなうべきことをまとめておきましょう。

★当日の朝刊は忘れずにチェック

最近話題になっている出来事の最新情報や時事問題、スポーツ結果などを確認できる新聞はマストでチェックしましょう。グループワークや面接で話すネタにもなりますし、時事問題について聞かれた時にも困ることなく回答することができます。最近では、インターネットやアプリでも読むことができますので、手軽にチェックできます。

★身だしなみの確認

基本的にはスーツでの参加となります。値段はピンキリですが、スーツはサイズ感が命ですので、少し奮発することになっても自分にぴったりのものを用意してください。最近では、オークションやメルカリなどでよい商品を安く手に入れている学生も多いようです。同じくシャツやシューズ、バッグも出かける前にはシワや汚れ、傷などはないか再確認を。

★エントリーシートの最終確認

自分で何度も書いているエントリーシートでも、緊張で急に志望動機の内容を忘れてしまうことがあるかもしれません。当日に一度冷静になるためにも、最終確認をしておきましょう。

★会場へは10～15分前に到着するように

あまり早く到着しすぎても、企業の迷惑になりますので、10～15分前を目安に到着するとよいでしょう。もちろん、余裕をもって会場付近に到着するのも大切なことなので、30分以上の余裕がある場合は、近くのカフェでエントリーシートの最終確認などをおこなってから会場に向かいましょう。試験会場が家から遠い場合は、会場までの道のりや電車の乗り継ぎの確認は前日までに。

――内定だ。あまりのことに言葉が出ない。

「どうした？　俺たちも見るぞ？」

　2人は俺の手元の内定通知を覗き見る。

「これって」

「マジかよ」

　2人も目を見合わせて、驚いている。それから、一気に喜びが込み上げてきたようだ。抱き合い飛び跳ねている。乱暴に俺の頭を叩きながら「マジかよ」「すげぇな」を連発する。宝くじが当たったような喜びようだ。実感のなかった俺にもじわじわと喜びが湧き上がり、感情が振り切れた。気がつくと3人で肩を組み、俺は泣いていた。俺だけじゃない。2人とも泣いていた。これが、内定だ。

　熊谷に連絡する。

「第一志望、内定したよ！」

　突然の報告に驚いているらしい熊谷。

「マジかよ。おめでとう！」

「みんながいたおかげで頑張れたんだよ。本当にありがとう」

「こりゃ、祝賀会開かなくちゃな！」

自分のことのように喜んでくれる熊谷に、心から感謝した。

それから、吉田先生の研究室に向かった。今日は授業もないから先生がいるはずないのだが、喜びのあまり思考が働いていなかった。盛り上がった勢いで２人もついてくる。ノックすると、誰もいないと思っていた部屋から声がする。

「どうぞ」

吉田先生だ。勢いよくドアを開けるとそこには、先生がいた。

「どうしたんですか。もしかして……泣いているのですか？」

突然のことに、困惑する吉田先生。

「先生、こいつ第一志望に受かったんですよ！」

なぜか、初対面の拓馬が話し出した。状況を理解したらしい先生は、にっこりと笑った。

「おめでとうございます。与野君ならやれると思っていました。本当におめでとう！」

その言葉を聞いて、すっかり力が抜けてしまった。思わず、先生の肩に寄りかかってしまう。先生は俺をしっかりと抱いてくれた。

「きみは、このゼミに入ってからずいぶんと成長しましたね。自分の変化に気づいていませんか？」

突然の質問に、言葉が出てこない。

「課題に真剣に取り組み、自分の弱さと向き合える人間になったということです。私は、コミュニケーションのテクニックや就職試験の仕組みは教えることができますが、それを実践できるかどうかは、与野君次第でした。企業担当者は、あなたのプレゼンテーションを通して、コツコツと努力することができるあなたの人柄を評価してくれたのかもしれませんね」

家族や友達以外の人に認めてもらえたのは、これが初めてかもしれない。

「でも、油断してはいけませんよ。**内定を取るという目標は達成できたかもしれませんが、これがゴールではありません。**むしろ、あなたは社会人としてスタート地点についたばかりなのです。来春の入社式に『与野光を採用してよかった』と思ってもらえるように、後期も自己研鑽を積んでもらいたいと思います」

気が引き締まる思いで「はい」と、返事をした。

これにて、俺の就活は幕を閉じたのだった。

夏休みに入ってからも、俺は先生の教えを守って、自分にできることを続けた。バンドメンバーの就職活動をできるだけサポートして、ゼミの仲間に面接練習を求められれば、喜んで付き合う。それも、自分のためになることだと思った。

お盆前には、熊谷は大手ＩＴ企業に内定、深谷は総合商社に内定。そして、９月初旬までにはゼミ生全員が内定を取ることができた。

今日は、その祝賀会である。祝辞で先生は、次のように言った。

「約２年前、『自分は頭が良くないから、好きなところに就職することなんて無理だ』とうつむいていたみなさんが、全員内定を手にしてここで喜びを分かち合っている。私にとってこれほど嬉しいことはありません。この経験を糧に、次のステージでも活躍することを期待しています」


生まれてから22年。俺は、自分のことを負け犬だと思っていた。自分に成せることなど１つもないと思っていた。だが、先生はそんな俺に魔法をかけてくれたのだ。コミュニケーションという魔法は、自分の可能性を無限に広げてくれる。これまで力を貸してくれたすべての人へ感謝を込めて、俺は高らかにグラスを掲げて叫んだ。

「乾杯！」

< STAFF >

構　成　小石原悠介
編　集　荒井風野(SUPER MIX)
ブックデザイン　市原シゲユキ(SUPER MIX)
イラスト　とみたか えり(SUPER MIX)

プロデュース　成澤 景子(SUPER MIX)

吉井伯榮（よしい・はくえい）

1953年生まれ、群馬県出身、埼玉県在住。武蔵野学院大学国際コミュニケーション学部客員教授、一般社団法人日本パーソナルコミュニケーション協会代表理事。JPCA子育て診断士会会長。2022年文部科学省高等学校教科書『ビジネス・コミュニケーション』執筆者、総合監修者。大学ではビジネス系の科目を担当、これまで担当してきたゼミでは、多くの学生を一流企業や一流大学院に送り出している。その傍ら、全国各地の企業や団体に向け、自らが創案した行動分析心理学「サイグラム」を応用したセミナーを開催し、家族や組織のコミュニケーション活性化のアドバイスを行っている。著書に『サイグラム　史上最強のコミュニケーション・メソッド』（成甲書房）がある。

F《エフ》ラン大学《だいがく》でも東大《とうだい》に勝《か》てる　逆転《ぎゃくてん》の就活《しゅうかつ》

2020年４月30日　初版１刷発行

著者　吉井《よしい》伯榮《はくえい》
発行者　田邉浩司
発行所　株式会社 光文社
〒112-8011　東京都文京区音羽1-16-6
電話　編集部 03-5395-8172　書籍販売部 03-5395-8116　業務部 03-5395-8125
メール　non@kobunsha.com
落丁本・乱丁本は業務部へご連絡くだされば、お取り替えいたします。
組版　堀内印刷
印刷所　堀内印刷
製本所　国宝社

ISBN978-4-334-95158-0　Printed in Japan